一本书读懂
宏观经济

熊靖宇◎著

民主与建设出版社

·北京·

© 民主与建设出版社，2020

图书在版编目（CIP）数据

一本书读懂宏观经济 / 熊靖宇著. -- 北京：民主
与建设出版社, 2020.11

ISBN 978-7-5139-3278-3

Ⅰ.①一…　Ⅱ.①熊…　Ⅲ.①宏观经济－通俗读物
Ⅳ.①F015-49

中国版本图书馆 CIP 数据核字（2020）第 208929 号

一本书读懂宏观经济
YIBENSHU DUDONG HONGGUAN JINGJI

著　　者	熊靖宇
责任编辑	周佩芳
封面设计	回归线视觉传达
出版发行	民主与建设出版社有限责任公司
电　　话	（010）59417747　59419778
社　　址	北京市海淀区西三环中路10号望海楼E座7层
邮　　编	100142
印　　刷	三河市国新印装有限公司
版　　次	2021年1月第1版
印　　次	2021年1月第1次印刷
开　　本	880mm×1230mm　1/32
印　　张	5.75
字　　数	180千字
书　　号	ISBN 978-7-5139-3278-3
定　　价	48.00元

注：如有印、装质量问题，请与出版社联系。

推荐序一

宏观经济和我们每个人都紧密相连，从市井乡民、富商巨贾到鸿儒高官都能凭亲身体会聊上几句自己对经济的看法，而且一般都对自己的观点深信不疑。但实际上，我们很多人凭直觉所得出的结论往往并不可靠，且容易在无意之中成为各种流行观点的奴隶。宏观经济和各种投资、买房、炒股密切相关，受到各阶层高度关注，因此社会上充斥着形形色色的靠哗众取宠和贩卖焦虑为生的"知识商人"。这中间不乏充分利用民众好奇心的阴谋论，也不缺通过简单联想和错误推导得出的各种奇谈怪论。

和其他现代学科一样，宏观经济学是一门需要付出时间去认真钻研才能有点心得的学问。经济问题极为复杂，每个人的亲身体验有如盲人摸象，未必能做到了解经济的全局和真相。但大众不可能皓首穷经地去研究宏观经济，因此这方面优秀的科普书籍弥足珍贵。我通读了熊靖宇的《一本书读懂宏观经济》，和市面上已经出版的一些讲宏观经济的书籍相比，我认为这本书写得不错，有如下几个优点：一是不走旁门左道，作者重点地选择了宏观经济学中最有实用价值和与金融市场最相关的部分，给出了一个现代宏观经济的基本分析框架，表明作者有很好的理论功底；二是通俗易懂，没有堆砌术语，而是尽量用深入浅出的日常用语来描述和分析一些重要概念；三是紧贴市场，作者通过对全球金融危机的反思和对中美两国经济的探讨，直接将读者引入当今宏观经济学中最前沿和最有争议的一些话题，显示出作者除了有扎实的专业理论功底之外，还活跃在金融市场一线，熟稔涉及资本市场的宏观经济话题。

我在美国伯克利加州大学读经济学博士时并非专攻宏观经济学，但在学习宏观经济学方面，非常受益于当时伯克利独特的教学方式。博士阶段的两个学期的宏观经济学课程虽说有不少数学模型，但教授们用入世的方法，通过真实的案例来讲解宏观经济的各种理论和模型，使我第一次有了醍醐灌顶的感觉。而真正让我在读书期间开始理解宏观经济，是伯克利经济系博士生两个学期的经济史必修课。这两个学期的经济史课程几乎有一半是讲 20 世纪 30 年代全球经济大萧条的，主讲这部分的两位老师都是主攻宏观经济学和经济史的顶级专家。现在回想起来，讲述经济史尤其是 20 世纪 30 年代的大萧条史是学习宏观经济学的最佳方式，因为宏观经济学这门学科本身就是从研究大萧条开始的。2008 年爆发的全球金融危机是大萧条以后全球最严重的经济危机，学界、政界和金融市场开始了一场针对宏观经济理论的全面反思，尤其是在数量宽松、负利率、通货膨胀与经济增长的关系、财政政策与货币政策的关联、金融创新与经济增长矛盾方面。熊靖宇擅长用经济史和经典案例来介绍经济概念和理论，尤其是在2008年全球金融危机方面着墨较多，这也是本书的一大特色。

作为一本面向中国读者的经济学著作，当然少不了谈及中国经济。中国经济的崛起是过去半个世纪全球最重要的事件，对全球经济的方方面面产生了极为深远的影响，彻底改变了世界经济结构，并在"冷战"结束后的20多年内重新定义了国际秩序。中国改革开放40年的成就斐然。从1980年到2010年，中国经济维持了30年平均每年10%的高速增长模式，中国经济总量在2010年就已位居世界第二。但高速增长的势头显然不可维系，目前经济增长速度已经降至6%，过去高速增长带来的各种弊病也已充分暴露，表现在老龄化加速、债务水平急剧上升、投资效率低下、科技创新乏力、环境成本过高、贫富差距过大；地方政府软预算约束问题严重。如何应对这些挑战，是决定中国能否避免所谓的中等收入陷阱，更上一层楼成为高收入发达国家的关键。面对上述问题，熊靖宇在本书最后一章试图做些回答，尤其提到了在这轮科技竞争中中国所展现的一些独特优势，但由于这些问题本身的复杂性使得它们最终只能让时间来解答。

中国作为一个崛起的大国，面临的挑战要比一个崛起的小国大很多。过去两年，在中美贸易冲突升级的背景下，已经有不少人提到了"修昔底德陷阱"。我认为，我国在未来不仅要迈过中等收入陷阱，还要迈过"修昔底德陷阱"。中国如何在崛起过程中应对国际关系方面的挑战，和别的大国处理好关系，避免剧烈的冲突，是未来十年中国能否在稳定的国际环境下维持中高速增长的关键。书中对中国经济及中美贸易冲突进行了详细的分析，凸显了作者独到客观的见解，这也是本书的一个亮点。

或许，本书中有些概念需要进一步澄清，有些观点也值得推敲，有不少重要问题尚未涉及，但在浮躁的自媒体时代，能不走偏锋地写一本中肯的宏观经济通俗读物就已经实属不易。熊靖宇在2011年出版的《金融核灾》一书就获得了很多好评。由此我相信，这本新书也能给关心全球和中国宏观经济的读者带来一个很好的阅读体验，书中提供的分析框架有助于读者在较短时间内了解一些宏观经济分析最基本的框架和概念，也有助于大家去更好地理解判断当今世界的复杂经济形势。

陆挺

野村证券中国首席经济学家

推荐序二

　　生命中很多选择源自自身的经历，也源自对事件与未来的认知。一直觉得自己是两岸三地中最幸运的一代华人，在生命历程中见证与感知着家乡台湾与大陆经济在不同时空中谱就的辉煌篇章。我今年 60 岁，出生于台湾眷村，年轻时受到前辈们通过艰苦奋斗创造出的丰硕经济果实的庇荫，享受了万点股市的波澜壮阔，后来却因有限判断而遭遇市场崩塌的危机。之后，我不得不从零开始，选择外资基金投顾业，从基层做起，开启了我 30 年基金投资与资产管理的职业生涯。幸运的是，这份工作也让我有机会在 20 年前就接触到正处在萌芽期的祖国大陆的资本市场。回首来路，正是过去那些走过的足迹和曾经的决策成就了我如今财务无虞的人生。从事基金投顾业以来，我从基层研究员做起，系统学习并掌握了宏观经济与投资管理流程的逻辑，并将之成功运用于实践，收获颇丰。于是，当靖宇邀请我为他的新书作序时，我欣然应允。

　　靖宇用他实际的工作投入验证了他在宏观经济分析方面的专长。他于 2011 年出版的《金融核灾》便成功预言了欧元贬值、

2011 年新兴市场股灾、黄金崩跌等重大财经事件，而他乐于分享的个性也让他先后在中国台湾媒体广播电台以及祖国大陆的喜马拉雅 FM 财经节目《熊靖宇说宏观》中担纲主讲人，进行全球金融趋势分析，深受财经专业人士关注。我们结缘于工作的交集，曾一起在诺亚财富——第一家在美国纽约证券交易所上市的为大陆高净值人士和机构提供服务的中国独立财富管理机构——工作。在他担任业务资源中心海外市场和公开市场负责人的工作中，他运用他的专业知识，与黑石、KKR、凯雷、橡树、贝莱德、红杉、高盛等国内外知名机构合作，并成功地与客户建立连接，带领团队改变简单的以管理人业绩导向的营销模式，转化为利用宏观趋势带动对产品与服务的推荐，并卓有成效。

靖宇的新书正是在总结他的学习与实践，分享了他对宏观经济的理解。书中深入浅出地解释了基础的经济学名词术语，说明了景气循环形成的背景原因；深刻阐述了过去 10 多年最被推崇的凯恩斯学派的思想和落实在现实经济体系的效果与引发的问题；分享了整体经济金融化现象，2008 年全球金融危机的前因后果；各国央行应对挑战的对策；中国与美国各自面临的难题与未来。全书内容丰富，值得一读。

近几年，在中国经济下行转型的挑战中，我看到很多高净值人士因为不了解经济循环发展与投资理财的基本原理，瞬间返贫。心理学家荣格曾经说过："你没有觉察到的事，就会变成你的命运。"那些无法觉察自己需要学习、需要改变思维的人，就会重复之前的行径与模式，那么自然就会创造相同的命运。如同许多人仍然盲目地认为投资理财失败的原因不在自己，而在于环境或他人。国际著名投资人乔治·索罗斯说："能创造利润和损失的是自己，不是市场或某种外部力量。"查理·芒格也说过："征服世界的唯一方法是向内求取、提升自己。"可见，财富是一个人思考的产物，投资自己是人生最重要的课题。

似乎只有到了一定年纪，经过时间的洗礼，才能真正体会到周期循环的存在，验证无论路径如何曲折，经济运行终将回归事物本质。如果了解了亚里士多德的"第一性原理"，就会明白，经济周期循环规律的存在是一个最基本的命题或假设，它不能被省略或删除，也不能被违背。这相当于数学里面的公理，或许也就是老子所谓的"道"。宏观经济由人的行为启动与运行，了解了它，可能就了解了投资理财上的一些本质问题，与"道"也就越行越近了。

很多人觉得经济学或相关金融学艰涩难懂。其实，最重要的是不要满足于累积资讯。如果轻易就读懂的文章，不过是讯息的积累；刚开始读不懂的著作，一再重读厘清文意，才能真正提升洞见。而一个充满好奇、保持怀疑、独立思考的人，才能够接受和包容市场，既能感应市场大的趋势，也可以感知市场的各种变化。

当我们真正愿意承担起责任，为自己的钱负责，开始学习经济知识，从理解基本的"道"，到拥抱不同思维角度的见解，才可能克服恐惧、贪婪和从众心理，开始一步一个脚印地丰富自我、积累财富。

——诺亚财富创始投资人、执行董事

章嘉玉女士

前 言

2020年全球经济大解密

2011 年前后，我累积了较多宏观经济研究的心得，当时写了几个比较重要的报告，也完成了自己的第一本书《金融核灾》。在书中我成功预言了几个重大的财经事件，包含黄金崩盘、欧元剧贬、全球新兴市场股灾等。不过经济学的领域浩瀚且复杂，常常令人怯而退步，若可以用比较简单轻松的方式，让大家初步了解经济学的规律，并运用于实际，那么也算达到了我做研究的目的。阅读本书后，希望大家可以了解，看懂宏观经济并不困难，而且当我们将其运用于实际时，真的可以在投资决策上产生重大帮助。总之，希望大家阅读此书后，产生不一样的体悟。

过去我也曾写过很多与经济相关的内容，发现自己对全球经济规律抓得比较准确，却对中国经济预测频频失败。这无疑在提醒我，用传统经济学理论预测中国经济，似乎是行不通的。2013年，我了解了一些情况后，就更加坚定了这种想法。中国经济无比复杂，而且有其独特性与很强的韧性，一般海外投资人若不了解中国的国情，用西方那套来看待中国，势必会错得离谱。在西方盛行20余年的中国崩溃论如今变成茶余饭后的笑话就是明证。由此我得出结论：若你不待在中国，永远也看不懂中国。在国内这些年，我深度观察了中国的一切，又发现新的问题，经济预测上的频频失败似乎也常发生在中国的投资人身上。想来也不奇怪，大多数投资人始终待在中国，若要从中国来看世界经济规律同样困难重重。因此仅生活在中国的投资人，也会对世界的发展产生很多误区。

2008年全球金融危机之后，在全球央行的支持下，资本市场走了10多年，但是如今格局已经完全不同，金融环境多变且复杂，全球贸易摩擦狼烟四起，中美之间正处于多事之秋，欧洲面临长年衰退，中东战局让人雾里看花。很多事件的发生，我们必须要站高一点，才能看得更清楚，8年后重新执笔，希望能站在更高的角度，以更远的视野，来分析过去、现在与未来，让大家明白，世界很多变化之间都是息息相关的，我们不但要做到从中国看世界，更要做到从世界看中国。如此，我们才能不被纷扰的世界所困惑，进而寻找出更清晰的投资方向，能够持续累积财富。

熊靖宇

目　录

第一章　揭开宏观经济的神秘面纱

第三章　金融危机如何改变世界

第四章　套利者央行

第五章　美国难题

后　记　颠覆人类未来的ABCD

第一章

揭开宏观经济的神秘面纱

第一节 何谓GDP

1. GDP 的构成：消费＋投资＋政府支出＋贸易顺（逆）差

很多人听到宏观经济学会非常抗拒，或感到害怕。"宏观"本来就非常复杂，如何才能把它融会贯通？对此，我希望借用自身的经验，以一种系统性的方式来跟大家交流，这种交流不是只有理论上的东西，更希望大家通过实际操作，看看我们所学的内容能不能用来判断目前的世界经济形势。

谈到宏观经济，一定要先了解什么是 GDP。何谓 GDP（Gross Domestic Product，国内生产总值）？ GDP 是一个国家对领土面积内的经济情况的度量，它被定义为一个国家或地区在一定时间内生产的所有商品和服务的最终市价。

有人可能会觉得这个定义好难懂，甚至想放弃去理解它。先别急，让我来用简单的方式来告诉大家 GDP 是什么，顺便让大家了解政府控制 GDP 的手段与方法。

GDP 的计算公式是：GDP= 消费（C）+ 投资（I）+ 政府支出（G）+ 贸易顺（逆）差（X–M）。其中的各个组成部分包含了诸多具体内容（如图 1–1）。接下来，我就以此为切入点，对其进行详细解读，以帮助大家理解究竟什么是宏观经济。

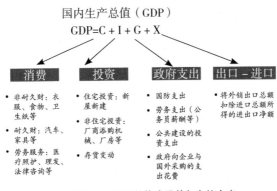

图 1–1　GDP 的构成及其包含的内容

2. 消费的含义：消费反映一个国家的经济状况

消费（C）是指民众利用社会产品来满足自己各种需求的过程。它通常是 GDP 的组成里面比重最大的一环，在成熟国家中，消费占 GDP 的比重都非常大。例如，美国、欧洲的消费占比在 70% 上下，但是中国在过去长期消费占比仅有 40%，而改革开放后，中国经济发展的走向发生了前所未有的改变。

人民减少消费时，国家经济会很快陷入衰退（GDP 下降）；

若经济陷入衰退，就会让人民收入减少；收入减少，企业利润就会下降；企业利润下降，企业就会被迫减薪裁员；企业裁员减薪，人民的收入持续减少，就会缩衣节食，因而造成消费持续减少，如此形成一种经济的恶性循环。

各国政府遇到经济衰退的时候，通常会无所不用其极，想办法刺激民众消费，不让恶性循环发生。例如，中国的家电下乡活动、购车补助、低收入户发放 100 至 150 元补贴等；美国的圣诞节与感恩节折扣、退税、减税、购车免税等。不过，个人消费的自主性太大，通常是政府最难控制与掌握的一环。

如何观察一个国家的消费情况？下面以美国为例，提供一些重要的相关经济数据给大家参考：

第一，初领失业救济金人数。首度申领失业救济金人数，反映了劳动市场的状况。申领失业救济金人数增加，表示被解雇的人数增加或寻找工作难度增大。该指数是劳动市场状况的先行指标，之后由劳工统计局公布的月度就业人数报告更受关注。失业救济金的发放不是面对所有的失业人员，而是"按条件发放"。其基本条件为：必须工作 20 周以上；有充分的失业理由；身体健康。自动离职者、因过失被开除者，均不能领取失业救济金。自认为具备条件的失业者须提出申请，经失业保险机构审查确认符合条件后，于提交申请的第二周开始领取失业救济金。失业救济金的发放数额以前一年最高工资季度的收入为依据，大约为其60%。一般情况下，失业救济金最多可发放 26 周；在"高失业期"可延长至 39 周；当经济出现萧条时，可延长至 52 周，遇到这种特殊情况，所需款项一半来自联邦政府，一半是州政府提供。该资料由美国劳工部每周四公布一次。

第二，ADP 就业人数。Automatic Data Processing，简称ADP，指的是美国自动数据处理公司，该公司发布的就业人数相对权威。ADP 调查仅包括私营部门的就业资料，不包括政府部门。如果就业人数高，则说明经济发展良好，对经济运行是利好消息；反之，则为利空。不过二者之间短期内没有特别必然的联系，因为就业人数不仅仅与宏观经济情况有关，比如计算机业高速发展，可能会减少劳动力的就业，但是会刺激经济增长。一般市场把该数据视为美国重要数据，是非农业就业人数的先行指标。

第三，非农业就业人数。美国非农业就业人数为美国劳工部每月公布的就业报告中的一个项目，是美国财经资料里最为市场所关注的经济数据，全面反映了就业机会的创造、流失，工资以及工时等情况，被认为是美国最全面和权威的就业资料。家计支出调查的对象是家庭，而非农业就业报告调查对象是商业机构，包含的重要资料有非农业就业人数净变动、失业率、制造业就业人数、平均时薪等。非农业就业报告反映的是除农业部门就业人数外的每月就业变化。鉴于劳动力对美国经济的重要性,所以非农资料相当重要。非农业就业人数上升说明就业增长以及有潜在的通胀压力,美联储(FED)通常会以加息进行压制;反之,非农业就业人数持续下降表明经济放缓,美联储令减息或量化宽松(QE)的可能性增加。

第四,失业率。失业率(Unemployment Rate)是美国就业报告中的另外一个项目,是指一定时期内全部就业人口中有工作意愿而仍未有工作的劳动力比率。该资料与非农就业人数一同由美国劳工部公布,公布时间通常为每月第一周的周五。失业率是通过家庭调查得出的。每个月劳动调查局都会调查5万个家庭来计算劳动力总数和失业率,只有符合两个条件才算失业:首先,你没有工作;其次,你在积极寻找工作。将失业人数除以劳动力总数就是失业率。一旦失业率上升,国会议员就会向美联储施加压力,要求放松货币政策。另外需要注意的是,失业率是一个滞后的经济资料,因为绝大多数企业在增雇或解雇员工之前首先变更的是员工的劳动时间或报酬。通过该指标可以判断一定时期内全部劳动人口的就业情况。一直以来,失业率被视为一个反映整体经济状况的指标,而它又是每个月最先发表的经济数据,所以外汇交易员与研究者们喜欢利用失业率指标,来对工业生产、个人收入甚至新房屋兴建等其他相关的指标进行预测。一般情况下，失业率下降，代表整体经济健康发展，利于货币升值；失业率上升，便代表经济发展放缓衰退，不利于货币升值。若将失业率配以同期的通胀指标来分析，则可知当时经济发展是否过热，是否会构成加息的压力，或是否需要通过减息以刺激经济的发展。

第五，零售销售。零售销售（Retail Sale）其实是零售销售数额的统计汇总，包括所有主要从事零售业务的商店以现金或信用形式销售的商品价值总额。服务业所发生的费用不包括在零售销售中。零售数据对于判定一国的经济现状和前景具有重要指导作用，因为零售销售直接反映出消费者支出的增减变化。在西方发达国家，消费支出通常占到国民经济的一半以上，像美国、英国等国家，这一比例可以占到2/3。

在美国，商务部统计局每个月进行一次全国性零售业抽样调查，其调查对象为各种形态和规模的零售商（均为商务部登记在案的公司）。因为零售业涉及范围太广，因而采取随机抽样的方式进行调查，以取得较具代表性的数据。耐用消费品方面的零售商包括汽车零售商、超级市场、药品和酒类经销商等。由于服务业的数据很难收集、计算，所以将其排除在外，但服务业亦属于消费支出中重要的一环，其增减情况可以从个人消费支出（包括商品零售和服务）这一数据中得出。

在西方国家，汽车销售构成了零售销售中最大的份额，一般能够占到25%，因而在公布零售销售的同时，还会公布一个剔除汽车销售的零售资料。此外，由于食品和能源销售受季节影响较大，有时也将食品和能源剔除，再发布一个核心零售销售。一国零售销售额的提高，代表该国消费支出增加，经济情况好转，利率可能会被调高，对该国货币有利；反之如果零售销售额下降，则代表景气趋缓或不佳，利率可能调降，对该国货币偏向利空。

第六，消费者信心指数。消费者信心指数主要是为了了解消费者对经济环境的信心强弱程度，反映消费者对经济的看法以及购买意向。该报告既包括消费者对经济现状和就业市场的评价，还包括对未来经济和就业市场的预期，以及家庭收入情况和是否计划购买房子、汽车等消费品的问题。通过抽样调查，反映消费者对目前与往后6个月的经济、就业与个人财务状况的感受和看法。在美国，由经济咨商会的消费者研究中心委托全国家庭看法公司每月对全美约5000个家庭进行调查，得出统计资料。

在经济循环中，消费者信心指数被视为经济强弱的同时指标，与目前的景气状况有高度相关性。分析表明，该指数与消费者支出的相关性较弱，而与经济状况的落后指标即失业率有较强的负相关关系。股市投资人偏好向上增长的消费者信心指数，因为其代表着消费者有较强烈的消费商品与服务的意愿，有利于经济扩张。债市投资人则偏好向下减少的消费者信心指数，因为其代表着消费意愿不强，经济趋缓的可能性提高。美元汇率通常从联储寻求暗示，若消费者信心上升，则意味着消费增长，经济走强，美联储可能会提高利率，那美元就会相应走强。

第七，耐久财订单。耐久财是指预计能使用超过 3 年的商品。该统计数据包括对汽车、飞机等重工业产品和制造业资本用品，以及其他诸如电器等物品订购情况的统计。这些产品通常需要大量投资，能反映市场买家的乐观心理。由于订单对实际生产有很大的影响，因此对预估美国产品产出有很大的帮助。耐用品订单对经济的变化相当敏感，当消费者对经济环境产生怀疑时，耐用品订单是首批受到影响的指标之一，因为消费者可能会推迟购买一些耐用品，比如汽车和电视，他们在经济艰苦时期只会在必需品上花销；相反，当消费者重拾信心时，耐用品订单会迅速反弹。

耐用品订单的数据通常波动较大，而除运输品外的数据波动较为缓和，因此较受关注。由于该统计数据包括了国防部门用品及运输部门用品，这两个部门的用品均为高价产品，它们的变化对整体数据有很大的影响，故市场也较注重扣除国防部门用品及运输部门用品后数据的变化情况。总体而言，若该数据增长，则表示制造业情况有所改善，该国货币利好；反之，若该数据降低，则表示制造业出现萎缩，该国货币利空。市场一般最为重视美国耐用品订单指数。

3. 投资的含义：货币政策影响投资活动

投资指的是把钱投放用以生产，例如造桥铺路、建设工厂、兴建大楼、住宅投资等。投资的资金来源大多比较短缺，银行贷款或企业发行债券是一般较常使用的渠道，因此，利率的高低会影响企业投资的意愿（关系到贷款偿还的利息多与少）。

当利率上升（↑，箭头方向的意义下同），代表借钱投资的利息负担更重，这时候企业投资意愿下降（↓，箭头方向的意义下同），会造成 GDP 下降（↓）；当利率下降（↓），代表借钱投资的利息负担变小，这时候企业投资意愿上升（↑），会造成 GDP 上升（↑）。由此可见，货币政策影响投资活动。

政府在经济过热的时候采取加息的动作（利率↑），抑制经济增长与资产泡沫；政府在经济趋缓的时候采取降息的动作（利率↓），刺激投资增加而促使 GDP 上升（↑）。但是，当降息到 0 仍然没有企业愿意增加投资的时候，就陷入经济学里面人们闻之而色变的"流动性陷阱"。陷入"流动性陷阱"困境时，只能靠政府采取量化宽松政策来增发货币。例如 2008 年全球金融危机过后，世界主要经济体中的欧洲、美国与日本都曾陷入"流动性陷阱"当中，"流动性陷阱"更使日本经济因此失落了 20 年，足见其强大破坏力。中国近年来利率不断下降，也是有可能陷入"流动性陷阱"的，我们不得不格外警惕。

下面仍以美国为例来看看投资相关的重要经济数据：

第一，采购经理人指数（PMI）。采购经理人指数（Purchase Management Index）是衡量制造业在生产、新订单、商品价格、存货、雇员、订单交货、新出口订单和进口这 8 个方面的状况。采购经理人指数是以百分比来表示，常以 50% 作为经济强弱的分界点，即当指数高于 50% 时，被解释为经济扩张的讯号；当指数低于 50%，尤其是非常接近 40% 时，则有经济萧条的忧虑。它是领先指标中一项非常重要的附属指标，市场较为看重美国采购经理人指数，它是美国制造业的"体检表"。在全美采购经理人指数公布前，还会公布芝加哥采购经理人指数，这是全美采购经理人指数的一部分，市场往往会就芝加哥采购经理人的表现来对全国采购经理人指数做出预期。

第二，ISM 制造业指数。ISM 指数分为制造业指数和非制造业指数两项。ISM 制造业数据是通过调查执行者对未来生产、新订单、库存、就业和交货预期来评估美国经济状态。尽管制造业占 GDP 比例不大，但是制造业的波动对 GDP 的变化有着重要作用。因此，制造业的发展通常先于整体经济，导致 ISM 制造业数据成为了经济反转的领先指标。经过一段时期的衰退后，制造业产品需求的加速，即 ISM 数据上涨，很可能暗示经济将转向上行；反之，在经济扩张时期，制造业订单和生产放缓，暗示经济减速。

ISM 制造业调查因其及时性而受到重视，分析人士指出，在经济扩张放缓之时，ISM 有望成为影响市场波动最重要的资料之一。论据在于 ISM 的支付价格指数和就业分项。这两个分项反映了对通胀和劳动力状况的信心——两个最为重要的反映经济健康的指标。对受访者的调查资料基本以扩散指标的形式公布。对于每个分项（生产、新订单等），受访者中预期"增加"百分比加上预期"不变"的百分比的一半，再减去预期"下降"的百分比，最后各分项加起来便是 ISM 制造业指数。一般数据高于50% 表明扩张，低于 50% 表明衰退。

第三，新屋开工率。新屋开工率的增加，显示出房地产市场景气看好，对于生产资料的需求增加。新屋开工率的增加，理论上对于经济来说偏向利多，因为这个数据的影响是巨大、连锁的，对经济有着乘数的效应。房屋建筑商们只有在有信心将新屋售出的情况下才会开始建造新的房屋，新屋开工的变化告诉我们很多关于建筑行业的信息，比如钢铁、木材、电力、玻璃、塑料、布线、管道、混凝土等，而且建筑工人的收入会增加，进而扩大了经济的需求。另外，新屋的购买者在家具、冰箱、洗衣机等家居行业产生的支出也将增加。

房地产是对经济最为敏感的行业，这是出于对利率的敏感。经济过热会抬升利率，抵押贷款利率的攀升会抑制人们购房的需求，并打击未来建筑业的信心。高利率时，建设商也不可能去寻求建造贷款。相反，当抵押贷款利率下降，住宅价格下跌时——经济疲软时期的典型现象——购买住宅的兴趣被点燃，从而导致住宅购买力增强。接下来，建筑商会抢在贷款成本再次上升前，去银行寻求贷款。同时公布的资料还有营建许可（Building Permits），指建筑商在开工前，从当地政府取得的书面许可证书。通过查看建筑许可证的发放情况，我们就能知道将有多少计划中的建筑工程在何处开始动工。

第四，成屋销售。一个上升趋势的成屋销售指标对国家经济有利，因为在财务上乐观和有信心的消费者会趋向于大量购买。房屋的销售同样增加了房地产经纪的委托数量，同时房屋拥有者经常在购买房屋后，短时间内会购买像家用电器和家具这样的货物。交易者密切地关注这个报告，因为它是每月发布的第一个关于房屋需求方面的指标。成屋销售是相对于新屋销售而言的，它与新屋销售同属衡量房地产状况的重要指标，公布出来的数据如果好于前值及预期，则可能利好美元；反之则可能利空美元。

第五，产能利用率。产能利用率（Capacity Utilization）也叫设备利用率，是工业总产出对生产设备的比率，简单地理解，就是实际生产能力，到底有多少设备在运转、在发挥生产作用。统计该数据时，涵盖的范围包括制造业、矿业、公用事业、耐久商品、非耐久商品、基本金属工业、汽车业及汽油等 8 个项目，代表上述产业的产能利用程度。当产能利用率超过 95%，代表设备使用率接近全部，通货膨胀的压力将随产能无法应付而急速升高，在市场预期利率可能升高情况下，对一国经济利多。反之如果产能利用率在 90% 以下，且持续下降，表示设备闲置过多，经济有衰退的现象，在市场预期利率可能降低情况下，对该国经济利空。市场一般最为重视美国的产能利用数据。

4. 政府支出的含义：财政政策影响经济状况

政府支出是平常中央政府各部门所编列的预算（政府所花的钱），例如美国特朗普政府在 2018 年采取减税措施，中国政府在 2009 年推行 4 万亿元振兴经济计划，这就是政府支出。政府支出会利用国防支出、劳务支出、修建公路、铁路等基础建设支出，以及向国外采购，来增加政府支出，这些措施也称为"财政政策"。

增加政府支出会造成 GDP 增加（↑），但是政府支出部分会因此超过税收收入，这种现象称为"预算赤字"。当预算赤字上升（↑）时，政府需增加举债的数量；当政府举债过多的时候，利率将会逐步提高；当利率提高到市场觉得难以持续的时候，会引发资本大幅外流，此时国家极易发生违约倒账，最后引爆金融危机。

减少政府支出会造成 GDP 下降（↓），政府支出少于税收称"预算盈余"。2008 年全球金融危机过后，各国政府为了拯救衰退的经济，无不努力地增加国家预算，预算盈余的情形极少发生。

总之，财政政策影响经济状况的变化。

中国政府过去经历经济下滑的时候，经常采取振兴方案计划来刺激经济增长 GDP 上升（↑），经济增长后也造成国内许多产能过剩的现象，未来若政府长期减少预算赤字并采取紧缩财政政策，将造成经济趋缓 GDP 下降（↓），产能过剩情形将会更加严重。中国政府积极推动一带一路与亚投行建设，就是希望在继续增加财政刺激的前提下，能够把产能输出到国外，不至于让国内产能过剩的情形更加严重，最终成效与否，还需要时间来证明。

5. 贸易差的含义：货币贬值或升值导致 GDP 上升或下降

出口额－进口额的数值若大于 0 则为贸易顺差，若小于 0 则为贸易逆差。货币贬值有利于出口（↑）不利于进口（↓），结果会让 GDP 上升（↑）；货币升值不利于出口（↓）有利于进口（↑），结果会让 GDP 下降（↓）。这就是为什么各国都努力让本国货币贬值的原因，甚至不惜发动货币大战，因为可以带动出口来拯救经济。不过又有一个问题，即不可能所有货币同时贬值，所以依照过去历史的经验而论，最早开始发动货币贬值的国家将会因此得利。

第二节　景气循环

1. 景气循环及其产生的原因

学习完上述的 GDP 概述，我们来思考这样一个现象，我们都知道国家经济会有升有降，这种情形在经济学上称为"景气循环"。景气循环分成几个阶段，即复苏→繁荣→高峰（过热）→衰退→萧条→复苏，周而复始。有的人会非常好奇，为什么景气循环会周而复始地发生呢？我在这里提出一个论点：周期等自然因素是必定会有的，但若我们更深入一点来说，是因为政府不断进行干预，所以经济才会如此周而复始地循环。

为什么这样说呢？我们来理解一下，当一个经济体陷入萧条的时候，政府会怎么做？从上面对于 GDP 的叙述中我们知道，政府会利用扩张财政政策与货币政策来刺激 GDP 增长，财政政策即政府支出（G）增加。例如，中国政府在 2008 年全球金融危机后，迅速采用 4 万亿元振兴经济计划，让中国经济在 2009

年强劲复苏。另外，还会采取宽松货币政策。货币政策种类繁多，一般而言，各国央行会以调降利率或存款准备金率作为主要手段；经济在多管齐下的努力后，会逐渐步入复苏阶段。为了不影响经济复苏这微弱的"火苗"，政府在这个时候并不会马上撤出刺激政策，在刺激政策持续维持的情形下，经济逐渐从复苏迈向繁荣。当经济走进繁荣阶段后，政府会意识到经济好转，如失业率明显下降、就业人口增加等，这时候政府会缓慢撤出当时为了应对经济萧条时所采取的刺激政策，开始收紧财政政策，并且央行会缓步加息。这时候刺激政策收紧的动作仍然十分缓慢，经济此时会从繁荣进入高峰乃至过热。

在股市或地产等金融资产猛烈上涨之后，为了抑制经济过热以及高涨的通货膨胀压力，政府必须采取比较强烈的收缩手段，这时候经济会从高峰开始迈向衰退。随着政策不断收紧，衰退的经济通常带来股市崩盘、地产重挫甚至演变成金融危机，这时候经济随之陷入萧条。为了拯救萧条的经济，政府又得开始使用刺激的政策来刺激经济，让萧条的经济又慢慢开始复苏，进入另一个经济复苏的周期。这就是在政府政策影响下的景气循环变化。

经过这样的描述之后，我们是否越来越明白经济为何会发生景气循环？而政府在里面扮演的角色又是多么重要！希望读者对景气循环有一个全新的认识。

2. 景气循环的标杆：美林时钟理论

美林时钟的全称是美林"投资时钟"理论，是一种将"资产""行业轮动""债券收益率曲线"以及"经济周期"4个阶段联系起来的理论，是一个非常实用的指导投资周期的工具，是在不同的经济周期映射下的经典的大类资产配置模型，堪称景气循环的标杆。

美林时钟理论按照经济增长与通胀的不同搭配，将经济周期划分为4个阶段：

第一阶段："经济上行，通胀下行"构成复苏阶段。此阶段由于股票对经济的弹性更大，其相对债券和现金具备明显超额收益。

第二阶段："经济上行，通胀上行"构成过热阶段。在此阶段，通胀上升增加了持有现金的机会成本，可能出台的加息政策降低了债券的吸引力，股票的配置价值相对较强，而商品则将明显走牛。

第三阶段："经济下行，通胀上行"构成滞胀阶段。在滞胀阶段，现金收益率提高，持有现金最为明智，经济下行对企业盈利的冲击将对股票构成负面影响，债券相对股票的收益率提高。

第四阶段："经济下行，通胀下行"构成衰退阶段。在衰退阶段，通胀压力下降，货币政策趋松，债券表现最突出，随着经济即将见底的预期逐步形成，股票的吸引力逐步增强。

第三节　凯恩斯理论与流动性陷阱

1. 凯恩斯理论：通过增加需求促进经济增长

凯恩斯理论其实是整个宏观经济学的核心。我们来尝试看看能不能用简单的方式理解什么叫凯恩斯理论。凯恩斯理论由两条线组成，一条叫 IS，一条叫 LM。IS 指的是财政政策，LM 指的是货币政策。在前面的 GDP 概论中，我们已经理解货币政策与财政政策对经济的影响。在此基础上，我们再深入探讨这些政策对于国家的 GDP 有哪些影响。

凯恩斯理论的纵轴是利率，横轴是 GDP。一般来讲，各国政府都希望 GDP 能够实现正增长。如果经济发生衰退，政府如何利用凯恩斯的理论来进行刺激，让国家 GDP 增加进而实现经济复苏？首先来看 IS 这条线，这个线从左上延伸到右下。经济发生衰退的时候，政府可以增加政府支出，也就是采取扩张性财政政策，增加政府支出之后，会发现 GDP 很巧妙地增加了，因为整条 IS 线是向右移的，会出现新的均衡点。

政府采取扩张性财政政策来增加政府支出时，确实可以让GDP增加，帮助景气复苏。可是副作用是什么？副作用就是当政府支出增加时，政府负债就会越来越多。正常来讲，在负债越高的情况下，国家举债的利率自然也会增加。所以，政府采取扩张性财政政策，虽然可以让GDP增长，可是有副作用，会造成利率上升。这是扩张性财政政策使用上的一个最大问题。

近几年我们可以发现，最常使用扩张性财政政策的国家包括意大利、西班牙、希腊、爱尔兰、葡萄牙等，这些就是2012年爆发欧债危机的核心国家。欧债危机的起因，就是这些国家大量使用扩张性财政政策，增加政府支出。当大量增加政府支出的时候，国家举债利率越来越高；当国家举债利率越来越高，需要负担的利息也就越多；国家就必须再增加更多的负债，举债的利率也就变得更高。如此恶性循环后，最终危机爆发。其中，希腊的最终结局是政府财政破产，甚至差点引发欧元解体。所以各国政府近几年虽然在大量使用扩张性财政政策，但都非常谨慎。

扩张性财政政策有如此严重的副作用，那么有没有更好的刺激方式？

LM货币政策，一般指的是央行降息。但是很多成熟国家如日本、欧洲、美国等，这些国家在危机发生的时候，利率已经降至零。在再无可降的情况下，央行别出心裁，采取各种手法进行货币宽松，著名的就是量化宽松政策（印钞），俗称"直升机印钞"，目的就是希望通过扩大货币基数的方式，用人为的力量来影响债券市场利率，进一步让市场利率下降。央行采取货币宽松政策，让利率降下来，也可以让 GDP 增长。

所以，凯恩斯理论告诉我们：扩张财政政策与宽松货币政策，这两个政策交互使用，可以让我们的 GDP 增长，对经济复苏非常有效果。

2. 流动性陷阱：流动性过剩与过剩经济

但是，如果发生经济衰退的情况，这时政府应该怎么办？在经济过于衰退的情况下，政府将希望让 GDP 增长速度提高，一个方式是宽松货币政策，即央行降息、降准或量化宽松（QE）。当央行采取宽松货币政策的时候，利率会下降，GDP 提高。另一个方式是政府采取扩张财政政策，这样也会让国家经济升温。我们发现，2008 年全球金融危机之后，全世界主要经济体国家的政府几乎都变成凯恩斯理论的信徒，原因就是凯恩斯理论在一段时期内的效果确实显著。可是，我们还是会发现凯恩斯还有很多人问题，例如就算利率降到零，很多时候还是无法让 GDP 增长，这就出现了流动性陷阱。

放眼全世界，并不是每个国家经济都会自然产生景气循环，也不是每个国家采取凯恩斯理论都可以拯救国家经济。例如日本，从1990年经济泡沫破灭之后，似乎就陷入漫长的衰退之路，并没有因为政府的刺激政策而成功进入复苏的阶段；又或者短暂出现复苏的假象之后，陷入了更深层的经济衰退，日本经济也因此失落了20年。以往我们以为这种经济现象只发生在日本，但是2008年金融危机之后，我们渐渐发现这种金融现象在很多经济体都存在，例如韩国、意大利、西班牙、法国到整个欧洲大陆，即便是目前公认复苏最为明显的美国，复苏的力道也远远不如过往，目前很难判断美国是否能成功逃脱日本式衰退。为什么会有这种现象？要对此做出解释，就必须要探讨一个经济现象——流动性陷阱。

什么是流动性陷阱？理论上来说，遇到经济衰退时，中央银行将调降利率来应对，因为利率下降可以刺激投资增加。但有一种经济现象是，无论中央银行如何把利率调降，经济都无法被刺激增长。为什么会这样？答案很简单，因为投资者不想借钱。当投资者都不想借钱时，无论利率多低，都不会产生效用。为什么我们会不想借钱了？第一种原因是，这个人已经破产了，破产的人满脑子只想要还债，利率高或利率低，他都没有感觉；第二种原因是，市场上根本没有值得投资的项目，投资根本赚不到钱，无论利率多低都无法刺激人去借钱。

出现这两种经济现象，一般是因为有重大资产减损。比如日本出现的流动性陷阱，是因为 1990 年后日本房地产价格大幅下跌，让大部分的民众陷入资不抵债的困境。这种破产现象从民众蔓延到银行体系，导致了银行坏账累累。日本政府并没有允许大量银行破产，大量的僵尸银行横行，国内投资不振，经济陷入漫漫长夜。2008 年金融危机和 2012 年欧债危机，欧洲经济接连两次陷入致命的打击，同样面临经济萧条，地产泡沫破灭，大量民众破产，僵尸银行盛行，投资不振，欧洲经济也陷入流动性陷阱。这种时候，无论日本、欧洲的央行实施多大规模的量化宽松（QE）政策，甚至把利率调降成负值，一样都很难逃脱流动性陷阱。

货币政策无法解决流动性陷阱的困境，只能够依靠财政政策来刺激经济，所以无论是日本还是欧洲，其政府都采取同样的做法。但是财政政策刺激是有极限的，当一个国家负债累累，再也没有办法支撑持续性的财政扩张时，国家经济又该何去何从？日本和欧洲都有根深蒂固的重大问题，其核心在于人口老龄化严重和人口数量开始下降。GDP 增长的核心来自消费增长，如果人口老龄化严重，消费怎么会增加？如果人口数量不增加，如何能够增加消费？

　　政府解决流动性陷阱困境的另外一个方法是开放移民，所以我们可以看到有些欧洲政府在大量地接受难民，虽然表面上举着"人道救援"的大旗，但实际上仍然是经济方面的考虑。这些年轻的"难民"成为欧洲新移民，不但可以增加消费，更可以增加中低阶层的劳动人口，带来的负面影响是治安与蓝领阶层竞争问题。不过在国家经济长远增长的考虑下，这些应该是可以忍受的副作用。

　　美国是 2008 年金融危机爆发地，处于"地震"的中心，2006 年至 2008 年房地产价格下跌了 36%，大部分金融资产更是灰飞烟灭，民间部门的资产价值也遭受到毁灭性的打击，大量民众破产。但是，美国经过十多年来的休养生息，为什么可以看起来像全身而退一样？我们可以发现，美联储的货币政策用到了极限，财政政策同样用到了破历史纪录的规模，而且美国允许银行破产，并让金融机构大量"去杠杆"，接受大量移民。虽然不能现在就断定美国彻底逃脱了流动性陷阱，但是至少是往正面的方向走。

第四节　经济学家的梦魇——通货紧缩

1.通货紧缩的根本原因是物价下降

这么多年来，经济学家普遍不喜欢通货紧缩，因为这意味着物价下跌。如果有一个汽车商宣布在今年将会进行降价促销，那么，消费者为了等待降价促销的活动，就会选择延后消费；而汽车商因为销量持续下滑，被迫再度进行降价，消费者预判接下来还会有更便宜的价格，继续选择延迟消费；汽车商过段时间只好再度降价，这样就形成了通货紧缩的恶性循环。

触发通货紧缩恶性循环的关键就在于物价下降，而在物价下降的同时消费者预判后面还会再降价，产生延迟消费。这时，厂商只好不断降价，当过低的价格出现，厂商覆盖不了成本的时候，就会面临亏损问题，最后削减员工薪资、裁员，造成经济下滑。裁员或者削减员工的薪资，自然发生消费下滑、信心下滑。所以，经济学家普遍害怕通货紧缩的发生。在历史上，通货紧缩最著名的例子是日本。日本 1990 年后金融泡沫破灭，物价开始进入下滑通道，此后 20 年日本的物价始终摆脱不了通货紧缩，GDP 更陷入停滞，让日本经济陷入"失落的二十年"。

2. 如何解决通货紧缩问题

很多人可能觉得通货紧缩很好解决，认为既然是货币供应量不足而导致物价下跌，那么央行持续增加货币供给就可以轻松解决通货紧缩，所以通货紧缩没有什么好害怕的。其实不然，还是要拿日本作为例子，日本在 20 年间不断地实施量化宽松（QE）政策（印钞），当央行印钞票到自己国家债务占 GDP 比例超过 250% 时，依然没有能够摆脱通货紧缩，这时的央行，即使继续印钞也没办法解决通货紧缩问题。为什么呢？这就要讲到货币创造的过程。

货币分成两种：基础货币和杠杆货币。基础货币由央行提供，但是央行提供基础货币之后，必须要通过银行进行借贷，形成杠杆货币，杠杆货币的规模远远大于央行提供的基础货币。这样一来，就会理解为什么日本持续发生通货紧缩了。日本出现的资产衰退，是因为房地产价格大幅下跌，股市崩盘，大多数民众负债累累，属于技术性破产状态。试想，一个破产的人会不会再去借钱？或者是他能不能借到钱？如果我们都不愿意借钱，甚至更多人在还钱，杠杆货币会快速减少，央行印出来的钞票没有办法有效率地传导及运用，这个时候，央行印出来再多的钱也是没有用的。所以当我们都不愿意再借钱的时候，就算利率降到零依然没有效果，这时候就发生"流动性陷阱"的情况。日本央行印了 20 年的钞票，成效甚微，直到安倍晋三当选日本首相之后，实施"安倍经济学"，情况才开始好转。安倍经济学有"三支箭"，最关键的点就在于以货币贬值 + 大量印钞来带动经济增长及通货膨胀，从 2013 年后，日元兑美元的汇率贬值接近 40%，日本央行更不断地扩大量化宽松（QE）政策（印钞）。而如此举动，也仅仅只让日本维持在勉强通胀状态。通过分析就会发现，当出现资产衰退的时候，其对于整个经济的杀伤力有多强！

　　2008 年爆发全球金融危机之后，美国同样推行了 3 次量化宽松（QE），印出来海量的货币，而这么多的钞票为什么没有发生通货膨胀呢？关键点还是因为美国房地产价格的大幅减损，最严重的时候美国房地产的跌幅接近 36%。再加上股票与金融商品的大幅下跌，导致许多民众严重资不抵债，大多数人也处于技术性破产的状态，不会增加消费，不会增加借贷，更不会增加投资。这时候即使美国政府印出来再多的钞票，也没办法实际传导到实体经济上，所以在全盛时期，美联储总共印出了 4 万亿美元的钞票，这些钱的功能大多没有完全释放出去。

破解通货紧缩陷阱，其实是央行非常重要的任务，因为一旦陷入通货紧缩之后，要想拔出来就非常困难。所以，在通货膨胀低于 1% 的时候，央行就会迅速采取行动，降息或者进行量化宽松（QE）来刺激经济。可是要刺激发生温和的通货膨胀，这些方法还不是非常好的，更好的方法是刺激总需求——这一点来源于凯恩斯经济学——利用政府财政支出或减税来刺激经济。日本跟美国在衰退后采取了一样的做法，美国的公共债务在 2008 年之前是 7 万亿美元，最终超过 22 万亿美元，花了大量的财物来带动经济增长；日本更是努力花钱，把国家的负债率搞到了 250% 来刺激经济。但即便是这样，无论是日本还是美国，经济复苏仍然举步蹒跚。

中国会不会发生通货紧缩呢？答案是几乎不会！这是中国体制特有的优势。中国的体制来自窗口指导，美国银行放不出去贷款这种事情在中国并不会发生，因为中国可以让国有企业带头，刺激银行进行放贷，一定会把钱贷出去。这就告诉我们，中国的货币杠杆乘数向来都是在历史的巅峰，一旦降准之后，整个杠杆货币往往就会快速堆栈上去，中国资本的效率运用可以说是世界第一，所以在中国不需要担心会发生通货紧缩，而是比较担心通货膨胀。近几年在通货膨胀和通货紧缩上面，中国都采取了非常好的控制措施，通货膨胀率（CPI）也一直相对稳定，经济稳定运行。

第五节　通货膨胀是福还是祸

1. 通货膨胀将给国家带来巨大的杀伤力

所谓通货膨胀（简称通胀），顾名思义，就是一段时间内物价持续而普遍地上涨的现象。通胀是经济学家乐于见到的情况，为什么？因为通胀会带来薪资、房地产以及物价的上涨，这个是良性循环。一般而言，通胀对于整体经济环境是比较友善的。但如果发生物价上涨过快的情况，将会发生什么事情呢？这个时候，可能会发生央行最害怕的事情——恶性通胀。什么是恶性通胀？我们可以通过过去的几个经典案例，来看恶性通胀给一个国家带来的巨大的杀伤力。

第一次世界大战结束后，德国战败，签订了《凡尔赛条约》，条约中约定德国需偿付战争赔偿金。当时德国完全没有能力支付这个天价赔偿金，唯一的办法是不断地印钞票，于是德国爆发了轰动一时的恶性通胀。通胀上涨的速度，是以数十倍来计算的，德国居民经常发现，商店早上挂出来的物价，到了晚上就已经翻了好几番，这个是恶性通胀的苦果。恶性通胀发生后，德国的中产阶级一贫如洗，因为他们今天拥有的数百万财产，到明天就一文不值，大量德国人民沦为赤贫者。这时候，德国出现了一位强势的领导者，名叫阿道夫·希特勒，他力推改革，遏制恶性通胀，进而发动第二次世界大战，以至于给世界人民带来了深重的灾难。这也带给世人一个深刻的历史教训。

中国也有这样的例子，那就是蒋介石民国政府时期，为了支付战争支出而采取大量印发金圆券的财政措施。金圆券开始的时候是良性的，为什么？因为当时的金圆券与黄金挂钩，而且政府限制金圆券的发行量。蒋经国还特别到上海去实施冻结物价的行动，以遏止恶性通胀的发生。但好景不长，随着战事升温，国民党军队节节败退，战争支出急剧增加。在这种情况之下，国民政府为了维持支出，开始大量印制金圆券，物价最终还是没有被压住，引发了恶性通胀。在当时，金圆券贬值的速度非常惊人，面额1亿、2亿的金圆券被印了出来，却如同废纸一张，国民政府因此大失民心，最终全面溃败，退守台湾。

苏联解体前后（正式解体时间是1991年12月26日）也有恶性通胀的例子。1990年，美元兑俄罗斯卢布的汇率是1比0.9，如果当时在俄罗斯拥有100万卢布，还是相当有钱的富翁。

但是随着苏联解体，俄罗斯政府开始大量印制卢布，卢布快速贬值。到了 1994 年，卢布已经贬值到 1 美元兑 3300 卢布；而到了 1998 年，俄罗斯爆发了金融危机，更是贬值到 1 美元兑 3.5 万卢布，这个时候如果仍然持有 100 万卢布，可能实际财产已经缩水至几十美元，几乎沦为赤贫。这就是恶性通胀非常残酷的地方，它会剥夺掉人的大部分财富。

近几年我们也可以看到几个国家陷入恶性通胀，比如津巴布韦，我手上现在有一张 100 万亿津巴布韦元面值的纸钞留作纪念，不过这张 100 万亿津巴布韦元的纸钞只能等同于 2.5 美元的价值，价值很低。近期爆发恶性通胀的国家是委内瑞拉，委内瑞拉一年的通货膨胀率居然到达 1 万倍，甚至还有明显加速的痕迹，于是，委内瑞拉数年间从一个富有的石油国家沦为赤贫的国家。由此可见，一旦爆发恶性通胀，那将会是非常可怕的灾难，值得我们警惕！

2. 美国控制通胀的经验：每年 2% 的通胀率

接下来，我们来看看美国是怎样控制通胀的。事实上，美国也曾经发生过比较严重的通胀，主要发生在 20 世纪 80 年代。1980 年爆发了石油危机，石油价格涨幅相当大，当时美国通胀率一路上涨到 16%，而且仍有持续上升的趋势。通胀已经深深地影响到美国经济。美国经济在 1979 年后连续 5 年衰退，1982年，失业率达到了历史高点的 10.8%，要知道，2008 年爆发金融危机的时候，美国的失业率也没有高到这样，所以当时要打赢通胀这场仗成为了全民共识。正所谓时势造英雄，这时一个强势的美联储主席上台了，他叫沃尔克。沃尔克告诉美国民众，我们必须要勇敢地对抗通胀。于是，沃尔克开始逐渐把利率往上加，将美国的基准利率一路加到了 16.5%。在如此高利率的环境下，货币供给快速收缩。坚持高利率的路线，让美国通货膨胀从1980 年的 16% 逐渐降到 1983 年的 3%。高利率环境对股市的杀伤力特别强，整个七八十年代，美国股市像一潭死水一样，道琼斯工业指数在 800 点，过了 10 年依然是 800 点，与现在的 A股特别相似，其背后有一个共同的原因，就是利率太高了。如果今天购买 10 年期国债，就可以轻轻松松拿到十几个点的回报，谁还会想要去投资风险高的股票呢！美国在成功对抗通胀之后，来到了黄金 90 年代，开启了长达 38 年的利率下降通道，这也推动了美股进入一个非常壮阔的大"牛市"，而美元同时也摆脱了 70 年代大幅贬值的颓势，从 80 年代开始持续升值，而沃尔克也成为了美国历代以来最伟大的美联储主席之一。如果没有当时沃尔克非常坚持地控制通胀，美国就很难熬过最困难的时期。要知道，当时沃尔克加息所带来的压力是无比巨大的，因为美国的经济因此陷入了严重衰退。无论如何，今天的沃尔克已经被视为美联储史上最成功的主席之一，这来自他足够的勇气和足够的智慧，因而打赢了这场抗通胀战争。

整体而言，通胀最理想的是什么情况呢？美联储有一个通胀设定的目标，即每年2%的通胀率，如此就是温和的通胀，能够带动良性的经济增长，后来这也成为了各国央行共同的政策目标。也就是说，如果通胀在2%左右，就属于良性通胀，一旦大幅超过，就非常可能会往恶性通胀的方向发展。

总之，通胀是福还是祸，关键在于是恶性通胀还是良性通胀。

第二章

货币泡沫

第一节　钱不只是被印出来的

1.累积财富，先要有正确的态度和思路

很多人都想要知道有什么快速累积财富的办法。事实上，大多数人的财富是靠日日夜夜辛苦地工作，一点一滴经年累月慢慢累积起来的。而有些人是靠创业当老板、做生意，白手起家累积起来的。当然，想要创业当老板就要冒相当大的风险，失败可能导致一无所有甚至负债累累。除此之外，有极少数的人可以在资本市场呼风唤雨，靠"钱滚钱"的方法迅速累积富可敌国的财富。就是因为这种短期致富的传奇故事屡屡发生，所以吸引了无数人蜂拥进入资本市场，想试试手气，一窥究竟。

然而，资本市场永远都是"几家欢乐几家愁"，损失惨重的忧愁永远都是大多数散户投资人的"痛点"，而真正赚取财富的资本家则是凤毛麟角。这些资本家究竟是怎么快速累积财富的？虽然这个问题耐人寻味，但他们所运用的方法其实并非秘密，当我们可以明白资本家们赚钱的方式的时候，我们就可以像他们一

样去畅游资本市场了。

通常，我们想要通过投资来累积财富的时候，常常会想到资本市场。资本市场时常起伏不定，大起大落，相当刺激，对于这种情况，有没有人深刻地想过，为什么资产价格会有这么大的波动？对于这个问题通常众说纷纭，其方法上有技术分析、基本面分析、趋势分析等，甚至经常有所谓的算命大师跳出来预测股票趋势，其方式稀奇古怪，五花八门，我们也就逐渐见怪不怪了。

我在这里有一个正确的理解方法，不妨参考一下——

只要有钱移进了一个资产，这个资产的价格就会上涨；只要有钱移出了一个资产，这个资产的价格就会下跌。我们想一想，这是不是正确答案呢？在这里提出一个严肃的问题：钱是从哪里来的？如果我们能理解这个原理，是不是觉得它不是这么复杂？资产价格上涨或下跌的原理，是否也变得容易理解了？其实它的原理很简单，即当货币数量变多，资产价格就会上涨；当货币数量变少，资产价格就会下跌。

不管是股票、房地产、债券或商品原物料都是相同的道理。这就是说，首先我们要了解货币是怎么产生出来的，而货币数量又是怎么变化的；其次我们要了解货币是在怎样的情况下移进某个市场的，而货币又因为哪些因素会离开这个市场。当我们对货币的这些规则都掌握的时候，我们的投资或事业就能无往不利。了解货币，就可以轻松分析其未来的景气好坏，或未来股市、房地产与商品原物料等资产价格的涨与跌。下面我就来具体地讲一讲。

2. 货币的产生及货币数量的变化

首先，我们要先了解货币是如何被创造出来的。很多人问，钞票不就是被政府印出来的吗？当然是。政府印了多少钞票，就存在多少的货币。但是，如果仅仅这样来解读货币，那必定会产生很大的谬误。为了避免以后对于金融市场的分析出现错误，我们还是要继续做好基本功——从货币的源头讲起。

这里通过一个简单的故事，来告诉大家货币是怎么产生的。

银行目前拥有 100 元政府所印出来的钱，即基本货币，银行的核心价值就是要想办法把这钱贷出去，以赚取贷款所产生的利息。正在这时，小张想向小李买一辆二手车，价值 100 元，而小张并没有足够的钱，所以就向银行借了 100 元，和小李进行交易，最后换来了一辆车，开开心心地把车开走了。而小李拿到这 100 元之后，并没有把它花掉，而是把它存进了银行。于是，小李的银行账户就有了 100 元的存款，而银行的账上则拥有 200 元的资产，包括小张借的 100 元和小李存进的 100 元。

接着，老陈想向小李买一个价值 100 元的项链送给妻子，老陈也没有足够的钱，于是他找银行希望借 100 元，银行拿了小李的 100 元存款借给老陈，老陈拿到这笔钱之后，用 100 元跟小李买了项链送给了妻子。小李又把这 100 元存到银行里面。现在，小李在银行里的存款有 200 元，而这时银行的账上则拥有 300 元的资产。

在这个过程中，政府并没有再印出任何钱，仅仅是靠银行自己的贷款行为积累了利息这项财富，于是，这个世界无中生有地多出 200 元的货币存量。

3. 基础货币 VS 虚拟货币

从上面这个简单的例子我们可以知道，只要这个世界上有人产生向银行进行贷款（用于消费、投资）的需求，那么货币就会在这种情况下被银行创造出来。贷款的目的不外乎两种，即消费和投资。货币产生的过程有两种，一种是确确实实是政府印出来的钞票，称为基础货币；另一种是银行贷款无中生有创造出来的，称为虚拟货币，而虚拟货币影响经济的范围要比基础货币大得多。

从理论上来说，无限制的贷款行为可以创造出无限的货币数量，政府发现银行可以靠贷款创造出无限数量的货币，这件事情若不控制就太恐怖了。因为货币数量太多会造成很多问题，过多的货币追逐太少的商品，就会造成物价上涨，产生通货膨胀现象，而通货膨胀严重的时候民众会减少消费进而打击经济发展。所以，政府很聪明地采取了限制银行的措施，叫作"存款准备金率"。

例如，存款准备金率10%就表示在银行每有100元的存款，就必须先保留10%也就是10元当作准备金，剩下的90元才可以被贷款出去；当90元回存到银行之后，还是要先保留10%也就是9元，所以银行只能再贷款出81元……依此类推。这样做的结果是，10%的存款准备金率最多只能创造出10倍的货币，而20%的存款准备金率最多只能创造出5倍的货币，能被创造出来的货币倍数叫作"货币乘数"，货币乘数的极限为存款准备金率的倒数。

现在你了解了货币乘数的概念，知道了只要存在旺盛的贷款需求，货币不需要靠政府印就会被银行创造出来，你也明白了货币数量在怎样的情况下会增加。那么，恭喜你成为有基础底子的经济学人了。

我们来继续探讨银行体系，搞清楚什么情况下可以让银行获利情形最佳。银行基本功能就是给予利息，以吸引一般民众的存款，接着把收到的存款想办法找到需要借钱的人贷出去。除了存贷利差产生的利润之外，还能通过财富管理业务赚取丰厚的手续费及佣金收入。而创造出来的货币会继续推升资产价格，进而吸引更多投资及贷款需求，形成正向循环。

例如，2003 年后，为了应对美国经济衰退的美联储，把利率降到历史新低，刺激美国房地产价格快速攀升。当所有人看到房地产这么好赚钱的时候，就都想在房地产市场里面分一杯羹，因而吸引了大批投资进入房地产市场，创造了大量贷款需求。银行方面则利用这些庞大的贷款需求创造出更多货币，而更多的货币回头继续促进房地产价格持续上涨，演变成资产价格攀升并不断创造货币数量的螺旋膨胀循环。当时，这个房地产飨宴替美国金融业带来了屡创历史纪录的丰厚利润，再加上许多复杂高深的金融创新产品不断推出，以至于陷入了房地产价格疯狂上涨与货币疯狂增加的超级经济荣景。我们要明白，所有金融资产价格的上涨，都有到达极限的时候，所以在2006 年美国房地产价格见顶后，一切开始反转，资产价格不再上涨，银行也无法继续借由贷款需求创造货币，最终在 2008年，美国房地产泡沫破灭，进而引发举世震惊的 2008 年金融危机。

由此可知，银行获利最大的来源就是利用创造货币产生利润，在利用增加贷款需求来不断创造货币的过程中，赚取存贷利差与货币增加带来的附加费用；而不断产生的贷款需求和不断创造货币持续推升资产价格，这个过程也带动经济增长与繁荣。但是当货币增长速度大幅超越实体经济增长速度时，就会产生经济泡沫现象。我做一个非常简单的假设：经济增长率只有 5%，而通货膨胀率达到 3%，这时候此经济体需要的货币增发量仅需要 8%~10%，就可以满足经济体所需要的货币增加数量；但如果货币增长速度达到 15%，此时这个经济体每年就会增加经济泡沫，政府通常会利用各种调控手法控制泡沫不破灭。这种过程会经过一段时间的累积，当有一天资产价格不再上涨的时候，经济体内含有的泡沫水分就容易引发泡沫破灭，也就是"经济泡沫破灭"，最终引爆各种金融危机。

当经济泡沫开始破灭的时候，先前靠借贷创造货币的过程就会完全逆转，我们开始想办法还钱而且不再有借钱的需求。这个时候，当初无中生有被创造出来的货币就开始不断消失，与当初创造货币方法呈现相反的货币螺旋紧缩效应，让整个被货币乘数创造出来的虚拟货币快速萎缩。这就是一个经济泡沫破灭的过程，而这个货币紧缩的过程会让实体经济陷入衰退或萧条。

4. 货币螺旋膨胀（紧缩）理论

经济正常成长时，货币通过贷款行为产生货币乘数，让虚拟货币的数量快速增加；当经济衰退时，因为归还贷款的行为使创造货币过程反转，产生虚拟货币快速消失的现象。也就是说，当货币数量增加，会创造资产泡沫并带动经济增长；当货币数量增加停滞，会发生金融危机并引发经济衰退。

为什么货币增长停滞会引发金融危机？这是因为大部分的钱是来自银行贷款创造出来的虚拟货币，既然是靠贷款出来的钱，就必须支付利息，当一个经济体货币发生增长停滞时，货币数量就不能满足债务增长，多出来的债务势必会发生违约，当大面积的违约发生，就会爆发金融危机，进而引发经济衰退。

无论是经济成长还是资产泡沫，都仅仅是一种货币现象。

第二节 "印钞机"的世界

1. 金本位制度"紧箍咒"导致的股市崩盘与经济大萧条

数百年以来，全球货币数量一直被困在一定限制内，被保护得很好，因为金本位制度的设计，政府发行货币套上了一个"紧箍圈"，当时政府与央行若要发行货币，就必须拥有足够的黄金储备，在那段时间全世界几乎不曾有过通货膨胀的问题。金本位的制度虽然让经济发展十分稳定，但是却会被时代逐渐淘汰。在英国发起了"工业革命"之后，人类生产力大幅提升，经济迅速发展，金本位制度产生了一个严重的问题，即黄金太过稀缺而导致货币发行数量一直不够使用，长期货币供给不足则会阻碍经济持续发展，然而资本主义的核心利益，就是要想办法利用创造货币、产生利润。

第一次世界大战之后，在战争中损失惨重的英国国力开始下滑，大发战争财的美国取得了世界经济的领导地位。资本主义的贪婪，开始从老牌英国发酵到新兴的美国来，1920年美国新时代经济起飞，银行开始兴起消费贷款，迅速成为一个时代潮流。尤其是1924年分期付款的发明，更给资本家带来巨大的利益，短短5年内美国民众的消费贷款金额增长了75%。在那个特别的时代，很多新科技的发明让工业生产力大幅提升，企业更是大量投资在生产设备上面。如此一来，当需求赶不上供给的时候，导致更多的过剩产能，过剩的产能生产出过多商品让物价可以维持在低水平，低廉的物价刚好迎合了美国消费贷款大量增加的需求。

银行通过贷款需求大量增加的过程创造出大量的货币，大量货币开始涌进股票市场中进行疯狂的投机炒作，股市上涨创造的巨额财富使消费贷款的需求继续增加，持续增加的借款需求通过银行又继续创造货币。这个疯狂的持续轮动，造就了美国咆哮的20年代。20年代末期，几乎所有美国人都盲目地相信这种繁荣将会永久持续下去，著名经济学家费雪更是提出"股价已经站在永恒的高地"的观点。

但是没有任何一种资产可以永久持续地上涨，不管股市曾经多么疯狂，终究有其极限。一个从纽约帝国大厦顶楼跳下来的人，"砰"地一声，震醒了无数美国人与华尔街的财富大梦。1929年，"黑色星期二"袭卷美国，道琼斯工业指数迎来突如其来的大崩盘，敲响了以疯狂投机炒作来创造货币为主的资本主义的丧钟，数天之内，美国道琼斯工业指数如同摧枯拉朽般直线坠落，在10月28日与10月29日这两日，美国道琼斯工业指数跌掉了惊人的25%，不过短短的两个星期，共有300亿美元的财富从股市中蒸发。这笔财富有多大？300亿美元相当于美国在第一次世界大战的总开支。

美国股票市场崩盘之后，连锁反应快速发生，需要资金的人到银行疯狂兑现，银行大量破产，拿不到贷款的工厂迅速倒闭，无数劳工失业，经济发生大萧条，这些都在瞬间摧毁了大多数美国人毕生的财富与梦想。股票崩盘让无数人因此破产甚至轻生断魂，经济大萧条伴随而生的25%恐怖的失业率让无数家庭支离破碎。所有人都想办法还钱，并大量向银行提钱，银行发生挤兑危机，当时破产的银行超过5000家。

被庞大借贷需求创造出来的大量虚拟货币，在人们开始还钱的时候产生了空前货币螺旋紧缩效果，只在1929年至1933年，美国货币数量就下降了惊人的30%。而美国道琼斯工业股票指数更是下跌将近90%。这就是当货币创造过程反转之后形成货币螺旋紧缩的恐怖过程，随后便是美国股市崩盘后带来的经济大萧条。经济危机很快蔓延到世界其他的工业国家，西方世界几乎无一幸免。

金本位制度的"紧箍咒",导致政府无法靠增加货币发行来解决货币螺旋紧缩产生的问题。最终政府发现了这个问题,为了挽救有史以来最严重的股市崩盘与经济大萧条,各国政府与央行不得不纷纷放弃维持了数百年之久的金本位制度,金本位货币制度从此走入了历史。

2. 从"布雷顿森林体系"到"石油—美元体系"

1933 年,小罗斯福打败了胡佛当选为美国总统之后,大力推行新政,并采用凯恩斯经济学理论,以大量增加货币供给与增加政府财政支出的方式拯救垂直下降的经济。在强大财政政策与货币政策支持之下,经济终于在 1933 年回稳。不过真正让美国彻底走出大萧条的关键因素,是第二次世界大战的爆发。第二次世界大战的爆发,带动了庞大的贷款需求重新产生,战胜的美国也终于走出了经济大萧条的阴影,并击碎了法西斯的野心,小罗斯福总统成为美国有史以来最伟大的总统之一。

经历了沉重的经济大萧条后,各国政府为了避免惨事再度发生,便积极采取措施。美国国会通过商业银行与投资银行必须分离的"格拉斯法案",例如当时将金融巨头摩根银行拆成 JP 摩根与摩根史坦利两家银行,这基本上遏止了银行利用自有资金进行过度炒作的机会。

另外，各国吸取了因为贷大量款产生过度货币供给的惨痛教训，战后成立"布雷顿森林体系"，让美元与黄金挂钩（1盎司黄金相当于35美元），美国承诺可以用美元无条件兑换黄金，这也让美元成为世界通行的储备货币。美元与黄金挂钩体系，在一定程度上限制了美元的发行数量，这些限制让全世界的经济进入了稳定发展时期，美国因为美元成为世界贸易储备货币，从而产生了巨大的铸币税利益。因为美国本土没有经过战火的洗礼，所以保持着极佳的生产力。反观战后几乎所有主要工业国家都被战争摧残，百废待兴，在生产力大幅下降且还没有恢复过来的时候，世界上几乎所有的国家都必须用美元向美国进口商品。美国顺势推行强势美元政策，让其他国家必须用昂贵的代价换取美国商品。为了取得美元，各国黄金源源不断地流入美国，让美国在当时累积了庞大的黄金储备。1950年至1960年，世界基本依靠这个架构维持着十分温和的经济成长。那时的货币增加量与经济成长大体一致，因此没有产生严重的经济泡沫，经济的稳定发展让人们信心大增，造就了影响未来数个时代的"战后婴儿潮"。

中国古人曾说："生于忧患，死于安乐。"美元成为国际储备货币，美国享受着庞大的利益，不需要付出过多的劳力，印钞就可以交换全世界的商品与劳务，美国的生产力开始逐渐被其他工业国家追上甚至超越；而不加节制的消费习惯，也让美国产生大量的贸易逆差，美国不知不觉中从借别人钱的债权国变成大量欠钱的债务国。50年代的朝鲜战争与60年代的越南战争，更让美国财政支出出现了飞越式的增加，70年代的美国总统尼克松更是宣布采取"巨棒外交"的政策，捍卫美国的全球霸权的地位。庞大的军事费用让美国不得不多印钞票来创造更多的美元。这个世界有越来越多的美元以债务形式存放在各国的央行，而美国黄金储备却是有限的，最终必定会让部分国家开始质疑美元兑换黄金的能力。

法国总统戴高乐打响了质疑美国还债能力的"第一枪"，要求美国3亿美元的外债必须用黄金来偿付。这个动作引起其他国家纷纷效仿，都希望将自己手中的美元债务换成黄金，一度让美国黄金储备大量流失。最后，美国尼克松总统不得不宣布放弃美元与黄金的挂钩，美国不再有义务让美元无条件兑换黄金。布雷顿森林协议走向解体，黄金至此彻底退出货币舞台，让美元这个世界货币从此不再被黄金限制，只要美国愿意，就可以无限制地发行，人类货币真正走入了纯粹靠政府信用支撑的法币时代。

放弃"布雷顿森林协议"的美国公信力大失，美元全球储备货币的地位也岌岌可危。然而，"好运"似乎还在"罩"着这个国家。1973年以阿战争后，阿拉伯各国为了报复各国支持以色列，发动了石油禁运，造成了第一次石油危机。石油价格大幅上涨，造成了严重的通货膨胀，引发了世界经济衰退与对石油紧缺的恐慌。这次石油禁运危机让美国发现了石油经济战略的重要性，所以迅速与世界石油最大生产国沙特阿拉伯签订协议，往后石油的贸易买卖都必须用美元计价结算。这个协议建立了"石油—美元体系"，让美元幸运地起死回生，因为只要全球需要购买石油，都必须使用美元才可以交易，这让美元世界储备货币的地位难以撼动，且沿用至今。

20世纪80年代后，全球格局从"黄金—美元体系"进入"石油—美元体系"，美元彻底解开了黄金的枷锁，开始进入快速成长时期。里根当选美国总统之后，开始实施新自由主义的经济政策，放松了对于金融机构的管制，这又开始鼓励金融体系可以进行资产炒作与投机交易。一场新的货币创造飨宴再度席卷而来。

3. 互联网泡沫下，股市成了巨大无比的"印钞机"

20世纪90年代，随着跨时代的革命性的新技术因特网的兴起，新创科技公司与互联网公司股票开始了投资狂热。在银行推波助澜之下，大量资金涌入这些新兴产业，几乎人人都想要投身到这个仿佛只会上涨的股票市场。不断上涨的资本市场，创造了大量贷款需求，更创造了大量的货币，而大量被创造出来的货币继续推升全球的资本市场的价格，全球资本市场从 20 世纪 90 年代初期的 70 万亿美元，上升到了 1999 年的 700 万亿美元。在这段时间，世界货币供给整整增长了 10 余倍，这也让美国道琼斯工业指数在 10 年间从 1100 点涨到 11908 点，代表科技的纳斯达克指数更在 2000 年 3 月创下 5132 点的历史高位。

　　快速增加的货币供给本来会给世界带来严重的通货膨胀，但在 1990 年之后随着"冷战"的结束与中国改革开放，东方世界释放出来大量廉价劳动力，物价成本上涨刚好被低廉且日益下降的劳动力成本抵销，造就了低通胀、高成长的经济极为繁荣的年代。证券化的蓬勃发展，更让全世界陷入了疯狂的股市投机炒作中，从 80 年代开始发展的衍生性金融商品更是助长了投机炒作行为，当时道琼斯工业指数的市盈率高达 40 倍，竟然比 1929 年世界大萧条前还要高 30 倍。

　　互联网泡沫有多疯狂？ 1995 年至 2001 年的投机泡沫，在欧美及亚洲多个国家的股票市场中泛滥，与科技及新兴的互联网相关企业的股价高速上升，在 2000 年 3 月 10 日纳斯达克指数到达 5132 的最高点时。在此期间，西方国家的股票市场看到了其市值在互联网板块及相关领域带动下的快速增长。这一时期的标志，是成立了一群企业，但大部分最终投资失败。由于股价飙升和买家炒作的结合，加上风险投资的广泛利用，因而创造了一个投机温床，使得这些企业摒弃了标准商业模式，突破传统模式的底线，转而关注如何提高市场占有率。然而，没有盈利能力的商业炒作，终究是不可持续的。

为了使投资股市的融资需求产生极为庞大的贷款需求，整个股市成为巨大无比的"印钞机"，货币供给快速暴增，全世界投资人都陷入了"股市只会上涨永远不可能下跌"的迷思中，当时还有经济学家写出著名的"道琼36 000点"的经典论述。诚如经济的历史发展过程是上下波动的，资产的价格也是不可能永恒持续上涨的。最后，股票市场终于难以支持其被极度高估的价格，互联网泡沫终于在2000年3月画下休止符。2000年至2003年，美国道琼斯工业指数下跌幅度超过40%，在不到3年的时间内，互联网公司蒸发了超过5万亿美元的市值。而纳斯达克指数也从高峰下跌了80%，到2002年10月仅剩1108点。进入千禧年后，庞大的股市泡沫破灭，也结束了股市像印钞机一样能够大量创造货币的繁荣年代。

第三节　货币泡沫的终极清算
——2008年全球金融危机

1. 房地产投机炒作：让另一个更大的泡沫取代先前的泡沫

如果货币的增长速度远远高过实体经济的成长速度，就会产生经济泡沫，当经济泡沫大到难以为继的时刻，泡沫就会破灭。美国在狂热的20世纪90年代，靠股市上涨创造出来的大量贷款需求，让银行创造了大量的货币与经济泡沫，当时经济维系在股市，其必须不断上涨，才能让货币不断被创造，在这种情况下股市严重脱离"基本面"，那么必定有极限。在互联网泡沫破灭之前，美国政府已经意识到，仅仅靠股市不断持续上涨创造大量贷款需求，使货币持续增加的经济成长模式已经走到了尽头，政府必须重新开始寻找能够继续创造贷款需求的标的物。只有重新创造借贷需求，才能够让货币供给持续增加；而货币供给数量持续增加，才能让美国经济维持增长。

房地产市场变成华尔街及美国政府眼中非常良好的标的物，如果让美国房地产价格持续不断地上涨，必定可以创造出比股市更庞大的贷款需求，如此可以轻松解决股市泡沫之后货币发生螺旋紧缩的问题，这也就是典型的用另一个更大的泡沫取代先前的泡沫的做法。1999 年，克林顿政府迅速解除了相关法令，让房地产变成可以被金融证券化的产物，并且撤销大萧条时期让商业银行与投资银行分离的"格拉斯法案"，把限制金融体系的最后一道枷锁彻底解开。从此，美国金融体系开始进行有史以来最疯狂的房地产投机炒作。

2. 金融危机对货币泡沫的总清算：从房地产"印钞机"到政府"印钞机"的年代

2000 年互联网泡沫破灭，大量惊人的财富从股市下跌中快速消失，引发了货币螺旋紧缩现象，让货币供给大量减少。当时的美联储主席格林斯潘为了拯救即将陷入衰退的经济，采取快速降息的措施，把美国基准利率调降至 1%。这种史无前例的超低利率，助长了美国房地产市场交易热潮，迅速改变了股市引发的货币紧缩效应，成功地让股市在 2003 年触底反弹，美国房地产价格从 2003 年开始上涨，到 2006 年已上涨超过 2 倍。银行方面，也开始利用房地产价格上涨创造大量的房屋贷款需求，更严重的是，银行这次创造的贷款需求，几乎不受到监管单位的监督管理。很多信用不良、不具备贷款能力的民众，也可以轻松借到资金来购买房子。金融机构更是创造出无数极度复杂的衍生性金融商品，诸如 ABS、MBS、CDO、CDS 等，这些创新的金融品项数不胜数，在这场房地产市场空前浩大的投机活动中，创造了惊人的融资需求。

货币被快速且大量地创造出来，并且再度引发世界股市的投机狂热，这时候的房地产代替了股市成为更恐怖的印钞机，大量创造货币，货币供给数量远远超过 90 年代的互联网泡沫。然而，被创造出来的大量货币，又回过头来助长了房地产价格持续飙升，持续飙升的房地产价格又刺激了更多贷款需求，使货币供给快速增加，世界再度进入房地产价格飙升创造大量贷款需求，贷款需求让银行创造大量货币之后让资产价格继续飙升的轮回。

人们对于这现象应该已经不陌生了，这种经济泡沫的模式在历史上已经出现了多次。

没有任何一种金融资产会永恒持续地上涨，美国房地产价格在 2006 年到了极限后开始反转，用来当作印钞机创造货币的成长模式也终于走到尽头。2008 年爆发的金融危机，造成全球经济严重衰退，更是对过去 30 年"战后婴儿潮"过度借贷造成货币泡沫的总清算。

2006 年美国房地产市场经过疯狂上涨后，最终到了尽头，2007 年，当房地产市场无法持续创造货币的时候，银行开始陷入危机。由于投资次级房贷项目严重亏损，所有银行纷纷认列资产减损，当风暴愈演愈烈，全球短期贷款的资金流动性慢慢枯竭。2008 年 9 月，美国雷曼兄弟投资银行倒闭，引发了"二战"后最严重的金融危机。金融危机期间，所有人都需要资金来尽快还钱，投资人纷纷向银行取现，爆发挤兑狂潮。还钱使货币供给快速减少，造成威力极其惊人的货币螺旋紧缩效果，全球资本财蒸发超过 50 万亿美元，全球股市市值蒸发超过 30 万亿美元。当时，全世界几乎所有的银行都面临着资金极度缺乏的情形，若不是各国政府紧急采取措施，基本上 2008 年就是资本主义的末日。美国房地产泡沫破灭后，房地产再也无法变为印钞机来创造贷款需求并且创造货币，若贷款需求可以创造货币供给，那么还钱的动作就会快速减少货币供给，而房地产与股市这些资产的暴跌，造成了所有人都在想办法减债还钱。货币螺旋紧缩效果太过惊人，最终各国政府不得不启动真正的印钞机。至此，全球的经济发展，从房地产印钞机开始进入政府印钞机的年代。

过去 30 年，全球盛行自由经济主义，金融家反对政府介入与监管，认为靠亚当·斯密的所谓"看不见的手"的市场机制调整即可。资本主义的核心利益就是想办法创造货币然后从中获得最大利润，所有金融机构都巧立名目，想办法创造融资需求进而创造货币。无论是从股市、房地产还是复杂的衍生性金融商品及金融证券，都在想方设法让所有人向各种金融机构融资，进而创造贷款需求，导致过去30年不管是个人还是企业乃至国家包括金融机构自己本身，都让这个世界进入一个债务过度膨胀的年代。债务暴增也就产生了一个货币供给过度增加的经济情形，在创造融资需求与创造货币的过程之中，金融机构无不荷包满满，导致最优秀的人才都希望进入华尔街，成为人人称羡的"金童"。这种过度消费、过度贷款与过度杠杆，阻碍了世界经济正常发展，当所有人都惊觉债务不可能无限制累积扩张的时候，一场铺天盖地的减债还钱动作开始发生连锁反应，最终引爆了这场影响深远的金融灾难。

过去30年，每年累积了极为庞大的泡沫经济水分，2000年互联网泡沫的爆发，其实就使经济准备要进入去除经济泡沫的大衰退。但是，美国房地产价格上涨，提供了新的融资需求与货币创造的来源，让这场早该出现的金融危机整整延后了8年，并且利用房地产价格上涨，培养出了一个更惊人的货币泡沫，也让原本只是普通衰退的金融危机，最终演变为震惊世人的2008年金融危机，而这场危机也差点导致资本主义的终结。

2000 年互联网泡沫破灭，股市印钞机的年代结束；2008 年美国房地产价格崩盘，房地产印钞机的年代也结束，世界进入了依靠政府来维持货币供给的政府印钞机年代。但政府印钞票的动作是不可能永远持续下去的，若政府停止印钞票，并开始展开利率正常化的货币政策，但世界经济仍然找不到新的成长动力来创造贷款需求，货币供给就不知道要靠什么东西来维持。当货币供给无法持续增加时，这个世界就有可能引发新一轮的经济衰退与萧条。随着美国货币政策逐渐正常化，世界经济到底会何去何从？探讨这些问题，也是我展开下文的目的。

第三章
金融危机如何改变世界

第一节　金融危机中的不可思议

1. 金融危机后美国赚钱企业为何减债还钱

资本主义的核心利益是在创造货币的过程中追求最大利润，在开始讨论这个问题之前，我想先提出一个基本问题：一个赚钱企业通常会做些什么事情？

如果企业的营业项目很赚钱，投资回报很高，企业老板们一般都会尽力去融资，利用这些资金做投资，增产或扩大企业规模，其终极目标是扩大企业产能与追求利润极大化。这也是投资人为什么要寻找优秀企业来进行投资的主要原因，因为投资人相信企业运用资金的效率比自己高。

有了上述假设，我们回过头来看看 2008 年金融危机时的世界。

我们都知道美国企业获利能力良好，在全球市场中极具竞争力。刚刚我说过，企业的终极目标是扩大公司产能与追求利润最大化。理论上来说，赚钱的企业为了追求更多的利润会增大投资规模，而要增加投资或增加产能，企业手上就必定要有足够的资金来源，而要增加资金的来源，就要做出增发股票、债券筹资或向银行贷款等融资行为。但是我们仔细观察却发现，2008年金融危机发生后，美国企业的做法刚好相反。在当时，美国企业手上握有大量现金，却不断地大举回购库藏股，希望利用减少在外流通的股本来提升股价，其有意愿融资的数量明显比金融危机前少，不仅没有增加融资数量，甚至想办法大量减债还钱。2008年以后的举债数量与2006年高峰相比下降了85%，2010年美国整体企业举债数量更低得离谱。就算到了经济复苏的2011年，也与2006年的高峰相差70%，而且到了2012年，企业举债数量又开始下降。过往没有出现企业减债还钱的现象，从2008年金融危机以后，这种情况变成了市场主流。我们刚刚也提到，通常获利能力很强、很赚钱的企业，手上如果拥有足够的资金，那么企业的老板们应该会尽可能去投资并扩大产出，以便提高公司在市场中的占有率。我们发现美国企业手上拥有的现金量从2008年金融危机的严重资金荒之后，以创纪录的惊人速度持续增加。

过去数年，美国企业一直持续累积现金，远远高出过去水平。有没有人想过这一现象背后是什么原因？

2. 美国企业金融危机后减债还钱的专家观点

有专家认为，企业拥有现金是想要发放股利，通常企业发放股利有利于刺激股价上涨，但是从标准普尔 500 指数（S&P500）的股息发放率来看（如图 3-1），明显看出近期逼近历史低点，上次股息发放率的低点是 2000 年互联网泡沫破碎前。

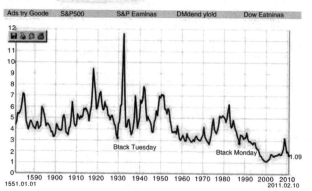

图 3-1　标准普尔 500 指数（S&P500）股利发放率↓（数据来源：www.multpl. com）

也有专家认为，在 2008 年全球金融危机时，因为银行在短期筹资市场遭到投资者的严重挤兑，整个金融市场都缺美元现金，全球产生美元荒，造成美元大幅升值。也因为几乎所有金融机构都缺少现金，所以发生了严重的紧缩信用贷款的情况，造成当时大量的美国企业因为借不到钱而倒闭破产。为了避免2008年金融危机的惨事再度发生，美国企业开始储存美元现金以备不时之需，避免以后忽然需要大量资金却借不到钱周转，所以要囤积现金以应对未来经济环境可能的变化。不过由于美联储在2008年金融危机后采取量化宽松政策，每周都有大量资金从美联储那边注入资本市场，所以从图3-2中明显看出当时银行放贷意愿是很高的，并没有发生银行紧缩信贷的情况，此情形也基本可以排除。

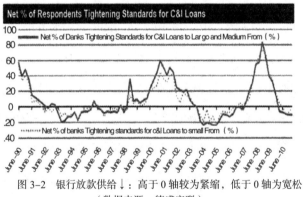

图3-2　银行放款供给↓：高于0轴较为紧缩，低于0轴为宽松
（数据来源：德盛安联）

接着我们来看美国的LIBOR（银行间隔夜拆款利率）利率（如图3-3），这个利率代表着银行与银行之间借钱需要负担的利息。2008年金融危机后，美联储大量采取量化宽松（QE）政

策，市场资金泛滥，资金的成本长期接近 0% 的利率水平，代表整个市场要取得资金是毫不困难的。那么，企业们拥有这么多现金却什么都不做，原因是什么？

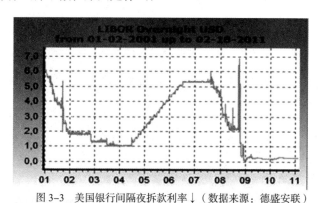

图 3-3　美国银行间隔夜拆款利率↓（数据来源：德盛安联）

最后我们观察 2010 年美国企业回购库藏股的金额，总计高达 3570 亿美元，此规模较过去大幅增长。虽然实施回购库藏股的动作有助于提高公司股价和每股盈余（EPS）且降低市盈率，但是也代表着企业在做减少资本的动作，企业少了一份积极扩张版图与占有市场的企图心。花旗研究部门的报告指出，2010 年第四季度实施回购库藏股的美国企业，有 83% 的企业的该季度财报获利优于分析师预期，而盈余出现成长的 S&P500 企业中，有 37% 归功于实施回购库藏股。企业想尽办法回购库藏股减资，这是为了什么？

我们来总结 2008 年金融危机爆发时出现的经济现象：第一，

企业支出大减且融资数量持续低迷；第二，获利能力仍然很强的企业中，想还钱的竟然比想借钱的还要多；第三，企业尽管满手现金，但不愿因此发放更多股息，股息发放率非常低；第四，企业为了减资，创历史纪录地回购公司库藏股，顺便利用回购库藏股这种方式拉抬公司股价。

有没有人想要发出质疑：在美国经济复苏之后，企业又减资、不融资更不投资，却拿着满手现金不发股利，这些现象跟过去我们了解的经济复苏经验都不一样，美国这些企业老板的想法是什么？你会不会觉得很奇怪？

第二节 大破产的西方世界

1. 金融危机后处于技术性破产边缘的美国企业与个人

如果我告诉大家一个合理的猜测：美国 2008 年金融危机爆发后，有超过一半的企业与个人处于技术性破产的边缘，大家会不会有种恍然大悟的感觉呢？这种猜测要从 2008 年金融危机开始说起。

就企业与个人的资产负债情况而言，这里先给大家一个恒等式：资产＝负债＋净值。由恒等式可知，在资产负债中左右两边是要相等且平衡的。

通常，企业与个人尤其是制造业与金融业比重最大的两种资产为固定资产和金融资产。固定资产包括房地产、土地、工厂设备、厂房、工具机械等，金融资产包括股票、债券、期权、证券化产品、衍生性金融商品等。这两种资产价值在 2008 年房地产泡沫消失与金融危机中严重减损，美国房地产从 2006 年的高峰跌到最低，下跌幅度超过 36%。

股票、商品与众多债券的价值遭到严重减损，数量极大的衍生性金融商品绝大多数更是灰飞烟灭，美国企业与个人在资产端出现了一个非常严重的财务黑洞。也就是说，2008年经济危机最严重的时候，大多数企业与个人都处在资不抵债的状况中，基本上已经技术性破产。

2. 修改的美国会计准则掩盖了事实真相

但是，为什么美国企业没有发生实质上大量破产事件？这就要"归功"于美国政府在2009年4月修改的美国会计准则，该会计准则让企业主可以自由选择是否要认列还没有实现的损益，即只要在账上的资产还没出售，都可以用原始成本表示。这就好像你买了一只股票，成本是100元，但是当下跌到60元的时候，本来应该向大众投资者公布自己的投资失误，并产生40元的损失，但是美国修改会计准则之后，只要企业打算长期持有而不出售，大家就都可以把眼睛蒙住，不用承认自己产生损失，资产的账面价值仍然在100元，只需用成本入账。

这项会计准则让企业在修复资产负债表时可以争取到宝贵的时间。在一个企业里面，能够真正了解财务状况的人，大概只有CEO或CFO等企业最核心的高层。我们都知道，公司高层绝对不可能自己承认并宣布公司正在发生技术性破产，只会极力掩盖这个事实，并且偷偷努力想办法解决。银行也不会有意愿去透露这个真相，因为只要透露了，这笔贷款可能马上变成呆账。这个天大的秘密就这样被掩盖了下来，不过美国很多经济现象，却偷偷告诉了我们答案。

我们来设想一下，一个技术性破产的企业，虽然市场、投资人与债权人都还不知道真相，但这个企业的获利能力基本上仍然很强，如果我们是 CEO 或 CFO，这时候会想做什么事情？应该不会是增加负债或继续增加银行贷款，而是思考如何快点增加获利能力且努力减少负债与还钱。只要让负债降下来或减少资本让净值下降（收购库藏股），总有一天财务黑洞会补起来。当财务黑洞补起来之后，公司高层的人才可以安心睡个好觉，从此以后再也不必每天提心吊胆了。但是，万一媒体或债权人不小心发现这事实真相该怎么办？经济数据显示，在 2012 年以后，美国企业的资本支出困难慢慢改善，这代表美国实施的宽松货币政策与扩张性财政政策是有明显效果的。美国 2008 年爆发金融危机后，经济逐渐复苏，但是这次经济复苏，是 1945 年第二次世界大战结束以来最微弱的经济复苏，虽然复苏的力道缓慢，但是企业资产负债与财务黑洞的状况，随着时间慢慢好转，2008 年至 2012年，美国历经一段长时间的低成长但高失业率的经济阵痛期。

第三节　这个世界为何没有进入大萧条

1.美国企业以时间换空间，来弥补财务黑洞

通过上一节的分析我们知道，美国大部分企业与个人处于技术性破产边缘。也许会有很多人想问，现在世界经济状况这么差，理论上应该进入经济大萧条的境况，那为什么当前世界的经济似乎运行很正常，没有出什么大问题？下面继续解说，我们就会对这个世界经济的真相更加明了。

2008 年金融危机爆发，重伤的不只是企业，还有普罗大众，因为房地产通常在家庭资产中占非常大的比重，美国房地产泡沫破灭之后，大部分人手上资产价值大幅缩水。股票、商品、债券与衍生性金融商品价值也遭到了严重的损毁，消费者再也不能像2008 年金融危机之前那样肆无忌惮地举债消费了，绝大多数个人资不抵债，处于技术性破产的状态。受教训的民众开始改变消费习惯，努力储蓄与还债，美国民众储蓄率从 2008 年金融危机

前的 –1%，逐渐增长到 4%，民间部门的信用消费贷款也大量减少，这就表示民间部门利用贷款创造货币的能力大幅下降。

2008 年金融危机中，美国银行业受创最为严重，是重灾区。金融业资产负债的财务黑洞最为严重，所以金融业本身减债还钱的动作最为积极快速。最严重时，工商贷款与房屋抵押贷款萎缩超过 3500 亿美元。当所有人都在设法还钱而没有人借钱与花钱的时候，就会产生极为严重货币螺旋紧缩效果，使货币供给减少，造成 2008 年底与 2009 年初全球实体经济垂直下降的情况，因为总体需求在一夕之间几乎都不见了。这种现象几乎就预示着经济大萧条了。

企业缺少投资与支出，就会缺少新增的就业机会，这也是为什么经济危机后失业率下降速度极为缓慢的原因。当然，这一切随着政府政策的刺激慢慢地复苏。就算资产负债表上面产生一个财务黑洞，也不会影响企业的实质获利能力，而且美国大部分的企业获利能力仍然很强，尤其是海外的营业项目更是给企业带来大笔的利润。所以在美国政府的协助下，美国企业利用时间来换取空间，将营业所赚到的利润尽快去弥补这些财务黑洞。

2. 民间减债还钱缺口，政府财政支出填补

上面林林总总的经济数据与迹象显示，美国企业支出大减是因为大部分人都在减债还钱，企业手上现金量如此高是因为他们需要做好准备，来偿付之后到期的债务。这个世界上大部分的人都在减债还钱，而花钱的人不够，说白了，这就是经济学家口中所谓的"去杠杆"或"总体需求不足"。既然如此，为什么世界宏观经济并没有产生严重的衰退？那是因为美国政府的措施非常明智且迅速，利用大量财政支出抵销民间部门减债还钱所造成的经济下滑。简单来说，民间部门都不愿意贷款或花钱，那只好靠政府来花钱。所以美国政府开始疯狂举债，大搞财政支出，美国政府的负债在短短的 10 年内暴增，逼近 22 万亿美元，政府的预算赤字更是居高不下。

2008 年金融危机爆发后，经济持续萎靡不振，美国总统奥巴马在 2010 年 10 月宣布，将布什总统时期 8000 亿美元的减税方案延长 2 年，让所有机构纷纷调高美国的预期经济成长率，从约 1% 达到 3.2%~3.5%。显示当时的 GDP 增长几乎全靠政府的支出在支撑，虽然这些现象后续逐渐改善，但是企业总体支出仍

然不足，因为总体支出不足也就无法让失业率有效降低。

我们再用另一个方式来观察当时的经济情况，只要采取减少政府支出措施的经济体，大多马上就陷入经济衰退，而且几乎没有例外。如希腊、爱尔兰、葡萄牙、西班牙、意大利等，当时率先采取紧缩财政政策的英国，2010 年随即爆发二次衰退，导致政府又必须靠增加支出来应对经济萧条。当民间部门仍然没有增加支出还在减债还钱的时候，我们就明白 2008 年金融危机后很长一段时间，国家经济是靠大量政府财政支出在支撑，表示我们要预测未来经济状况的时候，政府财政支出将会是非常重要的依据。

第四节　全球股市靠什么在支撑

1. 美国为什么实行量化宽松政策

谈到这里有一个的新问题就出来了：既然当时全球实体经济状况如此糟糕，这个世界的股票又是如何自 2009 年以来维持了 10 多年的牛市？股票价值不是通常领先反映未来经济的状况吗？很抱歉，在 2008 年金融危机之后，我们必须颠覆这个观念，因为美联储实施了量化宽松（QE）政策。

2008 年金融危机爆发，全球主要央行联合降息，降息的目的是让利率变低，以刺激企业融资并增加投资。刚刚已说明了企业因为自己资产负债上的财务黑洞，所以在企业与民间部门减债还钱都已经做不到的时候，根本没有人愿意增加支出去融资或消费。所以，就算把利率降到 0%，还是没有人愿意融资或消费。这些传统货币政策已经无法有效地刺激经济，陷入流动性陷阱，那怎么办？当时的美联储主席伯南克想出了非常手段——非传统宽松货币政策量化宽松（QE），他用印钞票的方法将资金直接注入实体经济里面。

这里必须先提一下什么是量化宽松（QE）政策。美联储到底是用什么方法把钞票印出来的？美联储要印钞，必须向市场收购资产。例如，美联储买进投资人手中的 10 亿美元政府债券，这时候投资人将会收到美联储所提供的 10 亿美元现金，而美联储的资产负债表中，则增加价值 10 亿美元的政府债券。这个过程就如同凭空创造钞票，由此完成了一次量化宽松（QE）的操作。

钱确实是被美联储印出来了，而且注入了金融体系，但是总体贷款需求不足也就使银行的钱根本借不完，当时美联储主席伯南克希望达到的目标看来是无法实现了，不过却造成了银行体系里面资金泛滥，流动性过剩，钱满为患。美国的银行业想尽办法也找不到足够的人来放贷，所以开始搞起自营业务，纷纷把资金投入国债市场或美国股市，从而造就了一段时间内股市与国债市场一起上涨的不可思议的现象。

然而，聪明的美国金融机构却将更多的资金搬出了美国，大举投资海外市场，仅仅在 2008 年 9 月至 2014 年 10 月这段量化宽松（QE）政策实施的时间内，美联储的资产负债从 9000 亿美元增加到 4.4 万亿美元。据统计 2009 年到 2010 年底，美国资本投资海外总量为 1.42 万亿美元，也就是说美联储所印出来的钞票，有 84% 流出了美国。如果从 2006 年到 2010 年的第三季开始算起，美国私人资本外流总额更是高达 3.5 万亿美元。

还记得前面我们曾经提到"货币乘数"的概念吗？它的意思是说，货币数量是从银行体系中创造出来的。假设当存款准备金率在 10% 的时候（银行有 100 元只能借出 90 元），每 1 元进入经济体系大约可以创造出 10 倍的货币，也就是 10 元。存款准备金率的倒数也就是可以被创造出来的货币乘数。

通过杠杆乘数的放大，美联储过去数年采取量化宽松（QE）政策，释放出 30 万亿至 40 万亿美元的流动性，在全球范围内流动。这就是人们闻之色变的"国际热钱"的真实面目。这些国际热钱利用投资机构定期发布的投资研究报告，让全球投资人都看到了机会，开始进行投资，开启了自 2009 年以来新一轮资产价格投机炒作风潮，引诱新兴市场的民众自掏腰包，把房地产与股市价格越炒越高。

2. 美国量化宽松政策利弊分析

随着美联储量化宽松 QE3 于 2014 年 10 月结束，美联储数年间不断采取量化宽松（QE）的政策成功与否，这时候也可以盖棺论定了。现在我们来做一个宏观的探讨，需要分为 3 个层面展开：

首先要讨论量化宽松（QE）政策对于实体经济面的影响力。

从美联储希望达成的目标来观察，量化宽松（QE）政策的目标是要压低市场长短期债券利率，当人为压低市场利率的时候，会有助于企业投资支出增加，这样会促使企业增聘人手，达成经济增长的目标。此外降低国债利率，还可以让房屋贷款利率也降低，让负债累累的一般民众减轻还款压力，但是因为美国企业的财务黑洞过大，大部分企业都在想办法还钱填补黑洞，造成市场上没有足够贷款的需求。尽管利率压低但是仍不足以吸引企业进行投资，企业投资支出不足就无法阻止失业率下降，所以量化宽松政策在这方面的成效是不佳的。

在量化宽松 QE1 实施的时候，成功把长期与短期利率压低；但是在量化宽松 QE2 实施的时候，长期利率却走高，量化宽松 QE2 的效果远远不如量化宽松 QE1 的实施；量化宽松 QE3 的实施效果更远远不如量化宽松 QE2，这也解释了为什么量化宽松 QE3 每月注入市场的资金，必须远高于量化宽松 QE2，因为这样才能够产生足够的边际效果，依靠人为的力量压低市场利率。

其次要讨论量化宽松（QE）政策对于资本市场面的影响力。

当 2008 年金融危机发生的时候，全球所有银行都面临资金挤兑，也导致银行大范围收缩贷款，发生了严重的货币螺旋紧缩效应，当时全球股市市值蒸发超过 30 万亿美元。美联储在 2009年 3 月开始实施量化宽松（QE）政策，这让市场开始注入源源不断的资金，让股市在 2009 年 3 月 9 日触底后，进入 V 型反转，量化宽松（QE）政策的实施可以说是空前成功。若没有量化宽松（QE）这一政策的实施，全世界蒸发的财富将远远超过我们想象。

最后要讨论量化宽松（QE）政策对于货币供给的影响力。

所有的经济成长都需要通过货币供给的增加来推动，但是当货币供给增加速度远超实体经济的增加速度时，必然就会产生经济泡沫水分，当差距过大的时候，市场就会进行消除经济泡沫水分的调整。2008 年金融危机的发生，就是过去 30 年的累积，货币供给增加远超实体经济成长后的一个总清算，因为当时经济泡沫的水分太大，货币紧缩的效果太过于惊人，若持续让货币螺旋紧缩发酵，会让整个金融市场崩溃并解体，美联储推出量化宽松（QE）政策，成功地遏止货币螺旋紧缩的持续发生，它给市场注入了源源不断的资金，填补金融机构的财务黑洞，从这方面来看，这才是实施量化宽松（QE）政策最有价值的地方。

从上述三个方面来探讨量宽松（QE）政策实施的成败，从成功的方面说，量化宽松（QE）最重要的功效，是在全球极度危急的时刻，阻止金融市场崩溃，并支撑资本市场价格，维持足够的货币供给，利用空间换取时间。量化宽松（QE）政策实施的这几年，美国企业与个人休养生息，帮助美国经济持续复苏。但是量化宽松（QE）政策所带来的副作用，导致金融资产泡沫化的情形也持续累积。在 2011 年，美联储停止实施量化宽松 QE2，全世界金融资产价格随即发生严重的崩跌，导致美联储继续推出量化宽松 QE3 来阻止浩劫发生，就可以明白市场对于量化宽松（QE）的依赖程度。

不过我们也发现货币政策有极限，因为即使量化宽松（QE）成功利用人为的力量压低利率，企业仍然不会有足够的融资需求，只要企业的融资需求不足，美国就可能会陷入"日本失落的 20 年"般的经济衰退，这种环境下有没有量化宽松（QE）是没有差别的，反而是政府要想办法增加财政支出，来弥补企业投资与个人消费的不足。

美国逐渐推行货币正常化，市场上的大庄家都知道总有一天游戏会结束，而且每个庄家都相信自己会是第一个全身而退的人。但是等这一天真的到来，当每个人都准备撤出投资时情况，将会变得无法想象。当我们都了解市场真实面目的时候，我们将会在制高点俯瞰整个金融游戏。

第四章

套利者央行

第一节　何谓跨国套利交易

1. 日元套利交易形成世界潮流

什么是套利交易？如果现在的利率是一年 1%，而市场上有个一年期预期收益率 10% 的金融商品，这时候聪明的投资者就会借入利率 1% 的资金，然后投资到预期收益率 10% 的商品，在没有风险的情况下净赚 9% 的利润。这就是套利交易的雏形，即借入较低利率的资金，然后投资较高报酬率的商品，从中换取利润。看起来非常简单，容易操作，获利高，又不用承担风险。如此优良的获利模式，慢慢地流行到全世界，于是人们开始竞相"套利交易"。

在套利交易的过程中，借入资金的利率是关键，利率越低代表套利交易的成本越低，从而获利的空间就越大。全球利率极低的货币，自然会成为全球套利交易的主角。日元在最早套利交易的环节中，成为第一个登场的重要货币。1990 年后，日本经济泡沫破裂，日本进入"失落的二十年"，经济持续低迷，面临长期通货紧缩，日本央行为了摆脱这种经济长期低迷且通货紧缩的现象，开始实施前所未有的货币宽松政策，不仅将基准利率下降至接近 0% 的位置，更是采取量化宽松（QE）政策来大量印钞，直接注入货币到经济体系内。虽然这个大胆且疯狂的货币政策并没有成功地拯救日本经济，却为套利交易创造了一个绝佳的环境，国际投资者纷纷看准这个巨大商机，大量购入日元并投资到更高收益的商品赚取利差。

当时世界最完美的套利交易投资是什么？因为日本央行不断地扩大货币宽松政策，让日元的贷款利率非常低廉，投资者只要借到利率约 1% 的日元短期债券，将其投资到风险较大且利润较高的资产，就可以完成套利交易，赚取其中的利差。最保守的投资人可以将其投资到美元，并将买入的美元资金再投入美国国债市场，赚取美债与日元之间的利差；如果愿意冒多一点风险的投资者，可以投资到欧元、英镑、人民币；如果愿意再多承受一点风险的投资者，可以投入这些成熟国家的股票市场；如果愿意再多承受一点风险的投资者，可以投资到波动更大的新兴市场股债市。如果风险承受度更高的投资者，可以投资到较高风险的商品原物料、衍生性金融商品市场，赚取更高的报酬。套利交易就在这一层层的选择下蓬勃发展。

上述的套利交易只是原始简易的版本，如此低的报酬率越来越无法满足投资人。以金融创新著称的华尔街开始投入更大胆的赌注，质押开始进入套利交易的领域，因此创造了更多金融杠杆。例如，投资人先向银行借入等价 100 万美元的日元资产，假设借入利率为 1%，然后投入利率约 6% 的美国 30 年期国债，在不计汇率影响的情况下，投资人可以产生 5% 的套利交易利润；这时候投资人把买入的美国 30 年期国债质押给银行，取得 100 万美元现金，再把 100 万美元投入美国 30 年期国债市场，此时投资人的报酬率变成 10%（不考虑借款成本）；如果投资人想赚取更多的钱，就再把美国 30 年期公债继续质押给银行。这样反复操作，就可以不断扩大套利利润。这就是用同一笔钱不断地放大杠杆作用，赚取更高的报酬，因为不断地质押操作，创造庞大金融杠杆效应，也为这个世界不断创造了货币，助长了这个世界的金融资产不断上涨，营造表面上的繁荣。上面的例子是一个很简单的假设，当然还有几个前提条件没有考虑，例如大多质押产品会被扣准备金，导致无法无限地放大杠杆，以及直接放大杠杆是会有成本存在的。

当时日元的套利交易在世界造成一股潮流，也创造了一个很有趣的名词"渡边太太"，意思是说，日本有钱的退休族，利用便宜的日元投资到世界各国的套利交易模式。当我们了解到套利交易的核心运作元素之后，是不是会感到很兴奋？是否套利交易是万无一失的，可以赚取很多超额财富？

2. 日元套利交易分析

在投资的世界里面有一个至理名言——天下没有免费的午餐，就是说预期收益率越高风险就越高，套利交易当然有风险，最大的风险来自两方面：

从借入货币来说。第一，借入货币大幅升值，因为你已经把自己借入的货币换成其他货币，如果借入货币升值的时候，将会产生大量汇率损失。以目前的格局来说，当美元快速升值的时候要十分敏感，这表示大量跨国套利交易平仓潮可能产生。第二，借入货币利率提升，这代表借钱成本上升，成本上升也意味着套利的空间变小，这时候很容易产生套利交易的平仓潮。

从投资标的物来说。第一，投资标的物回报下降，回报下降会收窄套利空间，对套利交易方相当不利。第二，利率下降往往伴随着货币贬值，相当于借入货币升值而投资货币贬值，造成双杀，这时候很容易让套利交易由盈转亏，得不偿失。第三，投资的金融商品价值大幅下跌，这对于套利交易来说最致命，往往套利交易会放大杠杆效应，只要金融资产下跌些许，就容易造成本金的大量亏损，一不小心，套利交易不仅没有得到收益，最终还会血本无归。早些时候破产的 MF 金融集团就是最好的例子，MF 金融集团拥有数百亿美元资产和国际知名的大型对冲基金，MF 金融集团看准欧洲债券市场中的各国出现较大利差，买入大量南欧各国的问题债券，当时超过 40 倍杠杆，当欧债危机来临时，南欧各国债券大幅下跌，MF 金融集团未实时反应，展开停损操作，导致本金大幅亏损，被银行追缴杠杆保证金。由于杠杆过高，MF 金融集团无力支付杠杆保证金，最后 MF 金融集团破产。

上面的叙述说明，套利交易并非万无一失的交易手法，任何投资都会有其风险，投资人应该小心使用杠杆，依照自己的承受能力，慎选投资策略。

第二节 美元套利交易的关键因子

1. 美元套利交易主宰全球金融市场

互联网泡沫破灭之后，美国经济陷入衰退，美联储利用降息的方法刺激美国经济复苏，当时美联储主席格林斯潘把利率下降至空前低点 1%，促使华尔街开始进行疯狂的房地产投资，搭配日元套利资金，源源不绝的资金狂潮泛滥全世界，这股资金狂潮造就美国房地产市场的投机炒作。美国房地产价格从 2003 年至 2006 年上涨 2 倍。2006 年日本央行开始加息，2006 年也是美国房地产见顶的时候，日本的加息动作，导致日元套利交易的资金成本垫高，部分高杠杆套利交易资金平仓，影响了美国房地产价格，最终导致美国房地产价格在 2006 年见顶。美国房地产价格下跌后，风险最高的次级房贷开始产生问题，最终发生雪崩般的连锁效应，全美国第五大投资银行贝尔斯登与第四大投资银行雷曼兄弟相继破产，进而引发 2008 年金融危机。当然这不能证明

2008 年金融危机的始作俑者是日本央行加息，但是可以证明这两者之间或许有着密切的关连。

2008 年金融危机时，大量日元套利交易平仓，平仓的时候必须买入日元来归还借款。因此我们观察到，2008 年金融危机爆发的时候，日元快速升值，一度升至 1 美元兑 76 日元的空前高位。在这超级平仓潮的过程之中，盛极一时的日元套利交易在日元的快速升值下，变成索命丧钟，画下交易的休止符，而世界利率最低的套利货币这时候也悄悄易主。2008 年金融危机后，美联储主席伯南克快速将美国基准利率范围下降至 0~0.25%，美元在此时取代日元，成为全球套利交易的新主角。美元的流动性与安全性远远高于日元，也让美元套利交易规模远大于日元套利交易，这个世界正式进入美元为主套利交易的时代。

全球金融自由程度越来越高，这一秒钟创造出来的资金在下一秒就可能在全世界任何一个金融市场出现，其转移速度之快、资金规模之庞大，是我们难以想象的；而金融信息的取得更是越来越容易，过去很容易靠信息不对称而创造的超额报酬，在今天互联网横行的世界已经难以办到，这也造成全球金融市场的相关性越来越高，各个金融市场齐涨齐跌的现象也越来越明显，将资本分散在全球各个金融市场的投资方式，做好资产配置的投资策略，投资效用远不如以往。全球金融市场进入由套利者央行主宰的新纪元，套利者央行的影响力远超过任何一个国家央行所能产生的影响力。

2. 美元套利交易存在的风险

上面叙述了美元套利交易目前主宰着全球金融市场，所以在做财经分析的时候必须先了解什么情况下美元套利交易是正向的发展，什么情况下是负向的发展。

回到我们刚刚学习的套利交易原则。美元利率维持在最低位置，处于美元贬值周期的时候，加上美联储不断地采取量化宽松（QE）政策，如同水龙头般大量释放货币，这些都是美元套利交易最有利的环境。2009 年至 2017 年，全球处于这种环境内。在美元套利交易的助长之下，全球大多数金融资产连番大涨。但是到了 2018 年前后，美元套利交易面临严重的逆风。一是美联储开始逐步缩减量化宽松（QE）政策的规模，直到 2014 年 10 月正式结束，过去被认为源源不绝的美元水龙头在这个时候正式关闭。二是美元从 2014 年起开始逐步升值，是套利交易不利的关键因素，美元升值表示已经有部分高杠杆美元套利交易的投资平仓，把钱撤回美国，会造成美元不断地升值，杠杆效应不断地堆栈，未来美元升值恐怕只会更快。三是美元利率提升。这时候必须明白一件事情，通常金融机构会告诉投资人：只要美联储不采取快速加息的动作，美国的利率就会一直保持在相对低的位置。这句话是非常容易欺骗投资人的，让绝大多数投资人认为要等到美联储快速加息之后，全球金融泡沫才会破裂。

因此，我们必须对美国利率有更精确的认识。专业投资人所谓的"市场利率"，通常指的是美国银行间隔夜拆款利率（Libor），这才是真正反映美国短期债券的利率所在，也是投资人取得美元短期资金的成本。而通常投资人关注美国10年期国债殖利率，这也是所有商业贷款所参考的无风险利率。美联储采取量化宽松（QE）的动作，是用印钞票的方式买进美国债券，用人为的力量刻意压低债券的利率，目的是减轻贷款人的负担，并刺激更多有需要的人贷款，有利于重振美国经济；也表示美国长短债的利率都处于靠人为力量扭曲的状况。所以债券利率正常化在美联储结束量化宽松（QE）之后，已经变成热门名词。所谓"债券利率正常化"，也就是从目前极低的利率提升到过去正常的利率水平。"利率提升"这个套利交易最敏感的词又被提起。没错，美元升值与美元利率提升，就是美元套利交易的致命伤。这会造成什么结果呢？部分高杠杆美元套利交易资金将会率先平仓，资金回流美国导致美元升值，美元升值再度引发更多的美元套利交易平仓，最后演变成恶性循环。

　　在可以预见的未来，我们会看到套利者——央行的集体行
动，也就是美元套利交易的平仓狂潮。这会造成多大的金融伤
害，我们只能拭目以待。从土耳其、阿根廷等国家的例子来看，
只能希望读者朋友都在后面这场平仓狂潮之中安全地全身而退。

第三节　全球金融资产泡沫将"破灭"

1. 美联储与主要国家央行的政策对全球股票与商品多头部位的影响

前面我们提到，美联储执行量化宽松（QE）政策，大量印钞并将其注入金融体系内，因为民间企业投资意愿不足，这些资金根本借不出去，钱在金融体系内堆积如山。这些资金纷纷变成了美元套利交易的原材料，开始从美国溢出到全世界的金融市场，通过杠杆倍数的放大，变成国际热钱，凶猛地扑向全世界，在各地乱窜，四处炒作市场，新兴市场的股债市、外汇、原物料、黄金、农产品等地，都可以寻到这些资金的影子，它们在不断地寻找更高报酬率的标的。这些国际热钱来去迅速，防不胜防，为了利润，可以不计代价地炒作市场，这最令各个国家央行头痛，却又无可奈何。

美联储推行量化宽松 QE1 的时候，我们可以看到全球股市迅速从金融风暴谷底开始回升，新兴市场股价更是水涨船高。但是在 2010 年 4 月美联储结束量化宽松 QE1 后，全球股市开始疲弱不振，经济陷入更深的泥沼。当时市场对于发生二次衰退的传闻甚嚣尘上，在金融市场与经济增长看似要同时坠入深渊的压力下，美联储只好宣布再度启动量化宽松 QE2。有了量化宽松 QE2 的加持，全球金融市场价格再度生龙活虎，屡创 2008 年金融危机后高点。欧洲各国一扫欧债危机的阴霾，强势反弹，美股也收复许多因为金融风暴而下跌的失土，新兴市场更是陷入投资狂潮，股市汇市债市都大幅上涨。似乎美联储准会量化宽松（QE）这印钞票的举动，再度拯救了全世界。

假设这个世界只有 5 块钱和一只股票，那这只股票价值就是 5 元，如果希望这只股票上涨 1 元，那必须创造出 1 块钱货币，如果货币数量只有 4 块钱，那股票就会下跌，只值 4 块钱，所以股市需要不断的资金溢注才能不断地上涨。美联储为应对金融风暴推出的量化宽松 QE1 结束之后，又推出量化宽松 QE2 与量化宽松 QE3，更是制造了这种鼓励风险的投资环境，所以全世界股债市连番大涨，各国经济繁荣，金融市场屡创新高。

但是，如果美联储停止量化宽松（QE），这个世界会发生什么事情？做个比喻，一个气球，如果一直被吹气，气球会不断地变大，但是当停止吹气的时候，气球会发生什么事情呢？没错，气球会快速消气。美联储停止量化宽松（QE）就如同把货币源头的水龙头关掉，所以不会再有资金投入金融市场。当所有投资者都意识到金融资产的上涨幅度只能到这里的时候，精明的投资人会做什么事情？他们会把手上的金融资产抛掉。很多人一起做这件事情的时候，就会发现一幕金融市场跳水式下跌的画面，这就是泡沫破灭，所有的国际热钱与资金会开始找寻出口准备逃跑，人们开始把资金抽离新兴市场的股债市、房地产与商品原物料。当初那些因为货币乘数创造出来的货币也会开始消失。所以，不是50万亿美元会被搬回美国，而是只有4万亿左右美元，绝大部分的货币会在这个过程中消失。

很多人不明白这个道理，认为钱是搬来搬去，从A国搬到B国，或从B国搬到C国，其实根本不是这样，钱是会消失不见的。说它消失也不准确，因为这些货币本来就是无中生有的。2008年金融危机的时候，全球资金回流到美国的约1万亿美元，而全球股市蒸发约30万亿美元，资本财产蒸发约50万亿美元，这是钱消失造成的，这也就是我一直在强调货币螺旋紧缩的惊人效果。而且当初创造出越多货币的国家的股市会修正得越厉害，这时候就越会听到媒体所谓的"新兴市场泡沫破灭"，不过人们已经明白这只是钱搬来搬去的现象而已。

2011年我就曾大胆预测，当美联储结束量化宽松QE2的时候，全球股票与商品的多头部位会迅速瓦解。果不其然，在

2011 年 8 月，发生了 2008 年以来最严重的风暴，股市大幅下跌，新兴市场股市下跌超过 35%，美国股市标准普尔 500 指数（S&P500）下跌 17%。这就是当套利交易投资人同时朝同一个方向操作时产生的恐怖后果。

美联储见全球金融情势似乎不乐观，担心再度危及美国的复苏，随后推动量化宽松 QE3，全球金融市场再度止跌回升。如今美联储选择加快加息脚步，并开始进行缩表（资产负债表缩小的简称），这时候的投资人又会采取什么行为呢？又是该把钱搬回美国的时候了！毕竟实际上是启动印钞机所印制出来的钞票，但名义上是美联储靠收购公债借给银行的，银行总有一天要将这些多余的钱还给美联储，这个时候世界会产生什么情形？

2014 年 10 月，美联储宣布停止印钞票之后，原油与大宗商品价格崩盘，全球金融市场开始大幅收缩，美联储也不得不暂缓利率正常化的进程。不过随着另外一个主要央行——欧洲央行开始采取量化宽松（QE）政策，全球金融市场开始止稳回升。2019 年初，欧洲央行宣布将停止量化宽松（QE）政策，加上美联储加快了加息的脚步，全球金融市场再度进入新的纪元。没有央行印钞来支撑的资产价格，将会何去何从？

2. 对策：应密切关注美联储与主要国家央行的一举一动

讲了这么多，我们对于这个世界的经济的真相，是不是清楚得多了？最后也最关键的问题就是，现在的我们应该依照什么方式采取举动呢？我们应该密切关注美联储与主要国家央行的一举一动。

第一，关注货币政策对股市的影响。

如果预期美联储准备持续加息，全球主要国家央行也一起进行货币紧缩的时候，建议大家要把资金撤出股市与风险性资产，把资产投入跨风险跨周期的金融资产类如固定收益、对冲基金、私募股权投资（PE）、困境投资，或是选择最保守的美国国债或高评级债券。

这时候会有投资人提一个问题：为什么选择美元或美国国债？很多人会联想到因为美元跟美国国债是世界最安全的避险标的，又是最大的储备货币，当然是选择美元或美国国债，这是原因之一，但是更正确的解释方式应该是，货币供给的最大来源是美联储量化宽松（QE）政策，那如果结束量化宽松（QE）政策后，这些钱必定要选择回家，会回到哪边呢？

如果预期美联储宣布又要执行量化宽松（QE）政策，那全球并购、成熟国家股市、新兴市场股债股市、高收益债、地产基金（RE）等进攻型资产将是好的选择，美联储还会执行第四次量化宽松（QE4）政策吗？容我在这里卖个关子。

第二，财政政策对实体经济的影响。

实体经济部分，则要看世界最重要三个经济体的选择，分别是美国、欧洲与中国，如果宣布要大砍预算赤字并减少财政政策支出，那全球的经济发展速度可能会开始逐步放缓，此时企业应该要减少库存增加现金，尤其增持美元，因为美元升值的可能性大幅提升，投资者应该尽快撤出股票与风险性资产，用保守态度来面对未来经济的发展。但是若各国政府决定要继续大量维持财政支出与赤字或推行所谓的振兴方案计划，那全球的经济应该可以继续复苏，这时候投资股市或企业增加产能将会是不错的选择。

当我们意识到不会再有新的资金注入金融资产里，这时候聪明的投资者会做什么事情呢？如果全世界的投资者都意识到了这件事情，惊天动地的金融危机是否会再度席卷全球？

第四节　黄金大陷阱

1.国际投机资本的投资哲学

在这个世界上，靠金融资产而获得巨额财富的人很少，但是靠做空金融资产而暴富的成功国际投机资本却比比皆是。这些国际投机资本的投资哲学是，先参与泡沫成长，并享受泡沫过程中美好的果实，再想办法狙击泡沫与戳破泡沫，最后等到泡沫破灭的时候，从中获得惊人的利润。世界金融大战在大打出手之际，也是新兴市场金融风险事件全面爆发的开始，如果我们是国际投机资本，面对这个千载难逢的全球财富重新大分配的机会，要如何追求自身利益，获取最大利润呢？

中国、印度、巴西、俄罗斯等金砖四国，又或者是其他新兴国家，想要挪动这些国家的财富到底要怎么做？例如中国，就算你沽空中国的房地产，让中国房地产泡沫破灭，又或者利用放空中国股市期指造成股市崩盘，国际投机资本在这个过程中也赚不到多大的好处。中国房地产下跌的话国际投机资本要怎么赚到钱？中国可没有一堆衍生性商品或 REITs（房地产信托投资基金）可以给他们放空，中国股市在沪港通打开之后，市场逐渐与国际接轨，但是中国股市沽空限制极为严格，就算股市崩盘了，国际投机资本也很难从中真正捞到什么；而且别忘了，中国始终都是一个资本管制的国家，就算有能力赚到了大笔钞票钱，要出境也不容易。

这时候我们会从另外一个角度去想，如果从香港下手呢？香港目前是闻名于世的国际金融中心，况且国际套利资本们云集香港，纷纷在香港建立分支机构，似乎就是准备在香港资本市场中翻云覆雨。2013 年后，香港持有牌照的对冲基金公司迅速上升到 469 家，相较于 2007 年金融海啸之前的规模有了大幅增长，2013 年末香港基金管理资产规模估计将超过 16 万亿港元。这么多钱是不是打算靠放空港币或港股来大赚一票？不过仔细想想，仅仅 700 多万人使用的港币，交易量能有多大？可以容纳得下全球国际投机资本吗？况且香港的金融管理局大可以停止港币的拆借，这时候借不到港币的国际投机资本要拿什么东西来放空？这在 1997 年亚洲金融风暴的时候就论证过了。中国雄厚的实力绝对有能力把这些投机者彻底击溃。至于其他管道方面还有什么思路能靠放空人民币来赚钱？拥有庞大外汇储备的中国央行已经牢牢控制住了人民币汇率走势，要在这上面动些手脚赚取报酬，必定要付出极为惨重的代价；况且人民币一直都不是个浮动汇率机制的货币。谈到这里，如果国际投机资本想赚取中国的金钱，他们到底应该怎么做？似乎没有什么好方法。但是，如果我们能想通了这个问题，这个世界金融游戏就在我们的掌握之中。这时候我想先讨论一个金融商品——黄金。

2. 国际投机资本操盘的黄金陷阱

在全世界最大的黄金买家是哪些国家？一是中国，二是印度，还有俄罗斯、韩国、泰国、巴西、秘鲁、墨西哥、泰国、印度尼西亚、马来西亚、哈萨克斯坦等国家，这些大量购买黄金的国家，竟然清一色是新兴国家。那么我想问一个问题，如果中国、印度代表的新兴国家是最大买方，那谁在卖黄金？黄金是一个商品，必须有买卖双方谈判成交才能不断把价格往上推升，所以这市场一定会有卖方。每次有黄金交易，新闻都会有斗大的标题告诉我们谁买了大量黄金，最著名的例子就是 2013 年中国大妈们大举冲入市场购买 400 吨黄金，轰动一时。如果中国大妈买了 400 吨黄金，就表示这个世界上有人卖了 400 吨黄金，那么到底谁在卖？似乎从来都没有任何新闻媒体告诉我们这 400 吨黄金究竟是谁在卖，这是一个吊诡的现象。

其实，要理解谁是卖方也不难，我们来了解一下全世界黄金储备的分布。黄金储备绝大多数掌握在美国、德国、国际货币基金（IMF）、意大利、法国、瑞士等国家，这些国家刚好都是全球最富裕的国家，也就是所谓的"成熟国家"。这样黄金的卖方我们基本上就可以判断了。这时候人们又会有一个疑问，难道这些成熟国家都傻傻地把自己的黄金运出去卖掉了？当然不是，现代"金融炼金术"只是在玩账面的数字游戏，也就是说，只要把这些黄金的权利卖出去即可，而黄金还是原封不动地放在原位。既然只是进行权利的买卖，金融机构就可以通过放大很多倍的杠杆来运行。如同银行存款一样，只要不要发生黄金现货挤兑，这个黄金杠杆的游戏就可以持续进行下去。

我来做一个假设，如果黄金从每盎司 1300 美元上涨到每盎司 2000 美元，这时候是谁在获利？是持有大量黄金的中国、印度、俄罗斯等新兴国家，包含中国大妈们，他们全部都发财了。事实上，金融世界是一个"零和游戏"，如果新兴国家大赚黄金上涨的财富，也就表示身为卖方的成熟国家在这上面赔惨了；相反地，如果黄金从每盎司 1300 美元下跌至每盎司 800 美元，那就表示中国、印度、俄罗斯等新兴国家全部都赔惨了，而成熟国家无不大赚一笔。

要如何挪移新兴国家的财富？我想到了一个绝佳的办法，只要我在黄金每盎司 1500 美元的地方卖给新兴国家，然后在每盎司 800 美元的地方再从新兴国家买回来，这样新兴国家到底送了多少钱给我？不计其数、难以统计。这一连串问题的答案呼之欲出了。中国、俄罗斯等新兴国家在黄金价位 1500 元以上的时候，政府与民间都大量买进黄金而且持续到现在，在中国买黄金几乎变成全民运动，那些大排长龙、人人抢买黄金的疯狂盛况，令人印象深刻，如果你是国际投机资本，应该知道要怎么赚中国、印度、俄罗斯等新兴国家的钱了：只要努力做抛空黄金，让中国、印度、俄罗斯等新兴国家的钱跑进国际投机资本的口袋。

如果我们确认黄金是国际投机资本的目标，那他们会怎么做？金融攻击的要诀是：要使其灭亡，首先要使其疯狂。国际投机资本会想办法吹大黄金这个泡沫，除了会持续收购黄金相关公司的股票之外，还会利用黄金的 ETF（指数型基金）大量增持黄金相关资产；接着全力唱多黄金，喊出从每盎司 1500 美元至 2000 美元甚至是 5000 美元的价位，黄金不断上涨将让全世界都陷入炒黄金的疯狂局面；然后误导人们对于美国货币紧缩时间点的分析，因为市场上大多数投资者都知道，如果美国持续加息，对黄金肯定有非常不利的影响。前面章节有详细叙述，如果美国持续加息，当初从美国流出去的资金会开始回流美国，而被这些到处流窜的热钱所"拱"出来的泡沫，在美国加息周期导致热钱大举回流美国的时候必定破灭。所以，先是利用复杂信息来误导投资人，对于美国货币紧缩时间点分析错误，在资产价格维持在高位时把手上的金融资产出清，最后利用美国加息预期造成美元升值，把泡沫戳破大捞一笔。我们仔细想想，这些所谓的投资机构或财经专家，从古至今哪一次对于金融泡沫破灭的时间点预测是正确的？国际投机资本只会无所不用其极地告诉投资人，现在距离泡沫破灭的时间还早，叫投资人赶快趁泡沫还在长大的时机，继续大量购入资产，这是国际投机资本忽悠投资人的惯用手法，并且百试百灵。这种忽悠，就是要投资人永远看不清楚什么时候才是真正金融泡沫破灭的时刻。

2011 年黄金创下每盎司 1920 美元巅峰之后开始反转，2013 年更是黄金最重要的转折年。我们来看看黄金狙击这场大戏是如何上演的——

3 月 20 日，美国联准会（FED）开会讨论是否退出 QE 的议题。

4 月 1 日，法兴银行发布 27 页看空黄金的报告书，诸多银行开始改变看法，纷纷发表黄金下跌预测。

4 月 9 日，美国联准会摆了一个大乌龙，提前一天泄露开会记录给高盛、巴克莱、富国、花旗、摩根大通、瑞士银行、对冲基金 King Street Capital Management、凯雷集团等。

4月10日，高盛集团下调黄金预期，建议客户在1450元以下地方沽空黄金，并预计2017年黄金目标价为1200元（在之前高盛对黄金目标价为1850元）。

4月10日，美国联准会对外宣布会议记录误发，承认错误。

接下来黄金市场发生惊心动魄的48小时——

4月12日，北京时间21：30，纽约黄金期货开市，有一笔100公吨的黄金卖单突然涌入市场，抛黄金者为美林证券，黄金价格瞬间击穿1540元关键支撑价位。

4月12日，北京时间22：00整，第二笔来自美林证券的高达300公吨的黄金抛盘再度涌入市场，抛盘市场无人接手，黄金单日下跌6%。

4月15日，北京时间21：30，黄金利空铺天盖地而来，黄金多头纷纷爆仓，市场发生严重踩踏行为，黄金创1975年以来最大单日跌率，达9.3%。

黄金从此坠入空头市场。到了2015年，黄金更一路下跌至每盎司1060美元，以最高峰黄金每盎司1920美元来算，黄金下跌幅度超过40%。我原先只是假设国际投机资本会简单地把黄金从每盎司1900美元的价位一次打到底，让黄金崩盘至每盎司800美元以下，结果我发现国际投机资本金融操作的能力远超我的想象：他们先把黄金拉到每盎司 1700 美元以上的高位，并宣称黄金将来会上涨至超过每盎司 2000 美元的价位，这让众多投资人疯狂投入；接下来，一次把黄金打破关键价位每盎司 1500 美元以下，一度下探至每盎司 1300 美元。看到黄金在每盎司 1300 美元的价位，中国大妈们跳出来，觉得黄金价格在这个价位上实在太便宜，狂扫了 400 公吨的货，震惊全球。回想一下，中国大妈们狂扫了 400 公吨的黄金，理论上也该有人抛出 400 公吨的黄金。中国大妈们疯狂的举动，也让黄金价格一度反弹至每盎司 1450 美元的价位。接下来国际投机资本再度打击黄金价格，让黄金从每盎司 1450 美元的位置下杀至每盎司 1200 美元的价位。这时候别说中国大妈们，连北京大叔与印度尼西亚大婶们都疯狂了，觉得黄金比在菜市场买白菜还便宜，再度引领全球抢金风潮，黄金也配合着一度反弹至每盎司 1400 美元的位置。这时候，黄金随即再度崩盘至每盎司 1100 美元的位置，再一次组织反弹。有发现吗？黄金价格这么上上下下、来来回回地动荡，国际投机资本也就从中反复剥皮，到底有多少中国与新兴市场的投资人在这场轰轰烈烈的黄金战役中伤亡惨重，有多少财富被国际投机资本无情地搜刮而走，实在无法算清楚了，只知道无数投资人就这样被血淋淋地掠夺，灾情惨重，不胜唏嘘。

接下来你会有一个问题，国际投机资本到底要如何操作黄金价格？事实上，2013 年，无论是珠宝业、实体黄金需求、工业用黄金，还是各国央行增持黄金方面，都是攀抵高峰的一年，也是黄金价格崩跌的一年。也就是说，决定黄金价格的根本不是来自黄金本身供给与需求的关系，其实黄金需求在各个层面并没有减少，唯一减少的是黄金指数型基金（ETF）。这清楚地告诉我们，国际投机资本利用黄金 ETF 就可以控制市场价格：当需要黄金价格上涨的时候，把资金注入黄金 ETF，黄金 ETF 就必须在市场上增持黄金，黄金 ETF 越买黄金，黄金在市场上越稀有，如此助长黄金价格水涨船高；相反地，当黄金价格下跌的时候，黄金 ETF 必须在市场上抛售黄金，黄金 ETF 越抛售，市场中充斥着黄金，导致黄金价格越加速下跌。这是一种螺旋效应。

黄金市场包含衍生性金融商品、黄金期货、纸黄金、黄金股票等，这些金融资产的总规模大约有 20 万亿美元，这么大的市场，应该容得下全世界的投机资本在这里角力与厮杀，这是一场国际投机资本与中国大妈们之间的战争，身为投资人的我们，总是要对赌哪一方能够赢得这场战争。不知道聪明的你，会做什么选择呢？

第五章　美国难题

第一节 金融危机后美国的艰难时刻

1. 金融危机的原因与过程

放眼全球经济，中国经济缓慢下行，欧洲在经济复苏的路上举步维艰，日本在衰退边缘苦苦挣扎，美国经济复苏相对明显，是唯一有实力持续加息的国家，但是美国光鲜外表的背后，却拥有着不为人知的苦处，屡屡出现非常艰难的时刻。为什么有这么多艰难的时刻存在呢？关键在于 MBS。这个简单的金融产物，竟然差点让全球金融崩溃。MBS 债券全名叫作不动产抵押贷款证券（Mortgage Backed Securities），美国总统克林顿于 1999 年解除了限制法案，让美国金融机构可以将房地产贷款证券化，房地产证券化后的产物就叫作 MBS。例如，金融机构承做一笔100 万元、6% 的利率的房屋贷款，正常来说金融机构账面上将减少 100 万元现金，以限制金融机构在资金面上的流动性，不过现代"金融炼金术"就是擅长点石成金，如果将这笔房屋贷款证券化后，金融机构把这 100 万元房屋贷款分成 100 单位的 MBS

债券，1 单位 MBS 债券用 1 万元、5% 的利率卖给投资人，金融机构可以瞬间收回 100 万元资金。虽然只收到 1% 的利润，但是却可将这笔房屋贷款的风险移转，即转嫁到 MBS 债券的持有者。拿到的 100 万元资金还可以重新承做新的房屋贷款，再继续发行新的 MBS，而金融机构贩卖的 MBS 债券拥有 5% 的报酬率，比当时的美国国债报酬率还要高，又拥有房地产作为资产抵押，安全性高，所以投资人乐意购买这些 MBS 债券，创造了金融机构与投资人双赢的局面。这就好比中国的银行理财或信托产品，其收益率通常比定存高，所以大批民众将手中的存款转存成这个类型的金融产品。

当美国总统克林顿解除法令限制，让不动产加入证券化大军之后，所有人皆大欢喜。美国华尔街的银行家们更是欢声雷动，开始疯狂地操作这些天上掉下来的"礼物"，这也埋下了美国房地产泡沫的种子。疯狂借贷后创造出来的货币，容易造成房地产价格继续上涨，当房地产价格脱离基本供需的轨道太远之后，巨大的金融泡沫就产生了，加之华尔街的银行家们逐渐变本加厉，最后演变成几乎失控的局面，本来信用很差或失业的人根本贷不到款，不过因为风险看似可以转嫁出去，所以金融机构根本不在乎这些人是否具有高度违约的风险，只要你愿意贷款，马上就有专业房贷机构的服务人员替你办理相关业务，不用薪资证明，不用工作证明，不用还款证明，依然能借得到钱，甚至头 3 年免还本金，只需要负担利息。这么好的事情，让无数人趋之若鹜，于是不计其数的劣质贷款充斥市场，后来这些劣质贷款被投资人称为"次级房贷"。

MBS 债依照其质量分成很多种等级，美国华尔街到后来发现质量差的次级 MBS 债（次级房贷）风险较高，包装成金融产品后并不容易出售。为了快点拿到新的资金来操作新的房贷，华尔街精英们进行了"伟大的"金融创新，他们将大部分优质的 MBS 与少部分劣质的次贷 MBS 绑在一起，这些组合过的产品就形成了金融危机爆发后众人闻之而色变的 CDO（Collateralized Debt Obligation，抵押债务债券或担保债权凭证）。华尔街告诉信用评级公司，说这些债券大部分是优质资产，整个资产包里面只有少部分是劣质资产，是一个非常安全的产品，而且分布区域极广，美国经济发展蒸蒸日上，要一起发生违约的风险非常小。然而，信评公司的市场竞争激烈，信评公司即使想不给出评级，别家信评公司也会为了抢生意而给出信评，况且这些产品好像"真的"安全，美国房地产价格几年来持续上涨，美国经济也稳定向上，要违约的概率确实极低，于是纷纷大笔一挥，给了安全性最高等级"AAA"的信用评级，同美国国债一样。"现代金融炼金术"再度点石成金，创造了成批 AAA 评级的 CDO，这些 CDO 利率较美国国债高，而且信用评级同等于美国国债，在全世界范围内，引发了投资人疯狂的抢购热潮。

尝到甜头的华尔街竟然食髓知味，继续疯狂地进行金融创新。他们聘请许多聪明的金融工程学家，运用数学模型来计算，把优质的 CDO 与品质较差的 CDO "打包"，成为新形态的 CDO2，并且声称这些 CDO2 比原先的 CDO 更加分散，也更加安全。这样，再请信评机构评级这些 CDO2 时，原先评级较差的 CDO，也顺利打包到 CDO2 内，顺利当成 AAA 评级的产品出售。华尔街发现这样打包的方式竟是如此成功，于是再把优质的 CDO2 与质量较差的 CDO2 继续打包，变成 CDO3。这些 CDO 产品如同包着糖衣的毒药，MBS 发展到了 CDO3，里面到底有着什么成分的金融资产，根本就不可能搞得清楚。华尔街一手创造出来庞大的金融泡沫，终于在 2006 年美国房地产见顶后开始崩坏，褪下了糖衣后的毒药，其致命的威力开始显现。

2006 年下半年，随着日本开始加息，部分高杠杆套利交易资金平仓，美国房地产见顶后开始下跌，次级 MBS 债券（次级房贷）随着违约率的显著提高，账面价值大幅减损。投资人纷纷审慎检视自己手上的 MBS 债与 CDO 资产，发现这些债券不再如华尔街宣传的这般"安全"，国际机构法人或养老、捐赠基金为了降低手中风险，开始停止购买 MBS 债与 CDO 资产。情况持续恶化，到了 2007 年 2 月，开始传出有专门投资次级 MBS 债的基金破产或清算。如梦初醒的投资人急于检视自己手中的 MBS 债与 CDO 资产，发现 CDO 里面的复杂程度非常高，有的甚至是数百种资产的组合，连设计人自己都未必搞得清楚这些资产包里面包含什么，更何况投资人。这种效应如雪崩般让 MBS 债与 CDO 交易市场快速崩溃。

有的人可能会非常好奇一个问题：金融机构把资产证券化了之后，不是把风险转嫁出去了吗？其实，金融市场最恐怖的地方也就在这里，比如，当投资银行雷曼兄弟发行 MBS 债或 CDO 资产的时候，美林证券手上刚好有闲置的自有资金，所以美林证券投资部门买入了雷曼兄弟所发行的 MBS 债与 CDO 资产，美林证券为了分散投资风险，把雷曼兄弟发行的 CDO 资产与美林证券自己发行的 CDO 资产打包成一个新产品，再把这个新产品卖给了高盛证券，最后高盛证券也用同样的手法，把他手上的 CDO 资产又再卖给了雷曼兄弟。所以，当华尔街发现 MBS 债券违约风险急剧上升的时候，人们纷纷检视自己的资产，发现每家金融机构的手中都是各式各样的 CDO 资产。当市场中再也无人敢买入 CDO 资产的时候，这些 CDO 资产的价格急剧下跌，并产生严重流动性不足的问题。风险传递是隐瞒不住的，投资人逐步发现金融机构的这些状况，开始对所有的金融机构不信任，投资人急着把自己投资的资金拿回来，于是全世界金融机构都发生严重的挤兑现象。美国第五大投资银行贝尔斯登在 2008 年初，率先支撑不住宣布破产，后来在美国财政部的安排下，美国摩根大通银行以每股 2 美元的超低价格收购了贝尔斯登银行。随后危机继续扩散，野火烧到全美第四大投资银行雷曼兄弟，雷曼兄弟手上也因为持有过多的 MBS 债与 CDO 资产，最终在 2008 年 9 月 15 日因为资金周转不灵，继而宣布破产。这一次美国财政部袖手旁观，雷曼兄弟倒闭后产生的连锁反应，造成金融市场雪崩，随即引发了震撼世人的 2008 年全球金融危机。

2. 美联储对于量化宽松的操作方式

2008 年金融危机轰轰烈烈爆发的时候，若各国政府与央行没有及时出手援助，或许西方世界引以为傲的资本主义在那时候就终结了。在极为紧急的情况下，美国财政部长包尔森率先提出 7000 亿美元的金融机构救助方案，不过仅仅 7000 亿美元远远不够，美国财政部在很短的时间内就"烧"完这些资金，金融机构被挤兑的规模远超乎想象。美国最大的保险公司美国国际集团（AIA）也在雷曼兄弟破产后数周宣布破产，由于美国国际集团（AIA）牵扯的范围太广，破产会引发金融市场更大的震荡，于是美国财政部被迫介入，出资把美国国际集团（AIA）收为国有化。金融危机演变到了 2009 年 3 月，全球最大银行之一的花旗集团（Citi）与美国最大的汽车制造商通用汽车（GM）也岌岌可危，全球其他金融机构频频告急。在这最危急的情况下，美联储最终决定跳出来充当"救世主"，推行了前所未有且影响极为深远的量化宽松（QE）政策，直接在金融系统内注入大量资金。量化宽松（QE）政策堪称拯救金融危机的"仙丹"，非常惊险地把处于崩溃边缘的全球金融体系救了回来。量化宽松（QE）政策的实施，也彻底改变了全球金融市场的格局。

美国从 2009 年以来，不断地执行量化宽松（QE）政策，这里我再次跟各位详细叙述一下。美联储到底是用什么方式印钞票？是直接开启印钞机然后发钞票给人民吗？当然不是这个样子，因为很明显，民众手上并没有直接拿到钱，量化宽松（QE）政策实际的执行方式是，美联储在市场购入有价证券，例如，A 金融机构拥有 100 亿美元国债，是国债不是现金，所以无法直接使用，于是美联储跟 A 金融机构买入这 100 亿美元公债，A 金融机构的账户就会拥有美联储存入的 100 亿美元现金，可以马上使用。这就是美联储实施量化宽松（QE）政策的实际做法。因为美联储的钱是凭空创造出来的，然后再借由收购有价证券注资到金融机构里面，所以量化宽松（QE）模式也被市场认为是印钞手段。

3. 美国金融风暴与量化宽松（QE）的关联

　　了解了美联储对于量化宽松（QE）的操作方式，接下来我们剖析一下为什么要进行量化宽松（QE）。量化宽松（QE）第一个效用，是让金融机构直接取得资金。2008年金融危机爆发之后，几乎所有金融机构都遭到严重挤兑，金融机构的资金被急坏的投资人提领一空，更遑论拿资金出来承做贷款。这时候为了缓解金融机构对于资金流动性的紧张，采取量化宽松（QE）的方式，直接将资金注入美国的银行体系，目的就是希望金融机构能够存活而不倒闭，等渡过危机之后，再重新开启放贷的大门，让需要用钱的企业或个人能够再度有管道获得资金。金融机构愿意放贷，有利于美国消费增长与企业支出增加，最终目的是希望失业率下降并带动经济复苏。

　　量化宽松（QE）的第二个效用，是用人为的力量压低利率。量化宽松（QE）收购的标的物大多为长期债券，这让长期债券在市场上的供给变少，有利于其价格的上涨。债券的利率与价格呈现反向关系，价格上涨也表示债券殖利率下降，美国工商贷款利率与房屋贷款利率大多跟着美国国债殖利率升降，所以量化宽松（QE）政策使长期债券殖利率下降，会让这些贷款利率也跟着下降，一方面利率下降能增加吸引力，提升企业或民众贷款的意愿；另一方面，能让背负沉重债务的普罗大众与企业，降低其所负担的利息，这都有助于美国失业率下降，并且启动经济复苏。上述都是美联储启动量化宽松（QE）所期待达到的效果，但是事实上有没有达到这些效果呢？

美联储推行量化宽松 QE1 先是宣布收购 MBS 债，美联储如同告诉美国的金融机构，可以把手中最毒最没价值的 MBS 债卖给美联储换取资金。美联储在量化宽松 QE1 时期收购了 1.25 万亿美元的 MBS 债券与 1750 亿美元的 ABS 债券（Asset-backed securities），这让金融机构一下子把最头痛的问题资产先抛售出去，全球金融市场资金紧张的情况在一夕之间缓解。解决资金流动性问题之后，美联储后面再陆陆续续地收购 3000 亿美元的美国公债，人为地压低长期利率，刺激美国经济复苏，美国标普500 指数（S&P500）也在 2009 年 3 月见底后 V 型反转。因为量化宽松 QE1 是在毫无预期的情况下推行出来的，所以全球股市受激励上涨的程度也最为明显。

量化宽松（QE）是一个非常伟大的救命"强心针"，如果没有量化宽松（QE）的推出，或许我们已经见到资本主义的末日。尤其是量化宽松 QE1 是在无预期的情况下推出的，造成各类金融资产全面大涨，但是因为金融危机恐怖的阴影仍深植于大多数投资人心中，更多恐慌性资金依然涌入美国国债市场，让美国国债殖利率降至空前新低，这让美联储依然意图降低利率，量化宽松 QE1 无疑是一个极为成功的措施。但是，当量化宽松 QE1 结束之后，效用迅速减退，金融市场危机重启，全球景气又开始步入衰退。美联储看量化宽松 QE1 效用超乎预期，随即顺势推出第二期量化宽松 QE2，继续充当市场的"救世主"。但是，让美联储料意想不到的是，量化宽松 QE2 效用竟然远低于第一期量化宽松 QE1，而美联储随后继续推行第三期量化宽松 QE3，效用又远远低于第二期量化宽松 QE2，这表示美联储利用量化宽松（QE）印钞票来振兴经济的手法，其效果与影响每况愈下。

4. 美国债务海啸的成因与国债构成

分析完了美国金融风暴与量化宽松（QE）的关联，我们再来继续研究美国债务海啸的形成。美国立国 200 余年，参加过无数场战争，包含独立战争、美墨战争、南北战争、第一次世界大战、第二次世界大战、朝鲜战争、越南战争、两次伊拉克战争、阿富汗战争等，还历经了 1929 年大萧条、第一次与第二次石油危机、1987 年股市崩盘、1989 年储贷危机、2000 年互联网泡沫等大大小小 10 余次经济衰退，美国政府的总债务在 2007 年累积 7 万亿美元，2008 年金融危机过后，因为美国个人与企业绝大多数都已经技术性破产，或者处在技术性破产边缘，导致了总体贷款需求不足。美国政府为了拉动深陷泥淖的经济，只能靠扩大政府财政支出来弥补民间消费力的不足，简单来说就是民间不花钱，那只好政府来花。为了扩大政府财政支出，美国展开了史无前例的大规模举债动作，到了 2019 年，美国政府的债务逼近 22 万亿美元。美国在短短的数年内，举债幅度增长惊人，如此罕见的幅度，足见 2008 年金融危机对于美国经济的强大杀伤力，其影响是如此深远。大量举债，也让美国政府的财政状况产生极为沉重的负担，直至 2019 年，美国公共债务举债总额高达 22 万亿美元，在可预见的未来几年，美国举债的数量恐怕也不会下降，这些美国国债持续发行，未来谁来持续接手，会是个重大议题。

2008 年金融危机后的数年间，美联储屡屡启动量化宽松（QE）政策，把大部分财政部发行的美国国债收购，纳入美联储的资产负债表，随着量化宽松（QE）政策在 2014 年 10 月画下句点，约占 70% 的债券购买量的管道封闭后，必须依靠美国本土与世界各国的买家来接棒，这是美国债券不至于违约或崩溃的关键。中国与日本在过去一直都是美国国债的最大买主，但是可以看到这两个主要购买国近几年明显减缓购买美国国债的速度。

除了中国与日本外，其他各国购买美国国债的需求也不见提振，未来几年，谁来买美国国债？这将是美国政府最为头痛的问题。

如果美国国债没有足够的买盘接手，会发生什么事情？买入美国国债的投资人不足，代表美国国债的价格势必下跌，债券价格下跌也代表着利率的上升（债券利率与价格呈现反向），绝大多数金融资产的定价都与美国长期国债殖利率挂钩，因为美国国债殖利率是市场上公认的无风险利率，所以美国长期国债殖利率上升，也就表示包含房屋贷款、工商贷款、信用卡、学生贷款、汽车贷款等诸如此类的贷款利率全部要跟着往上调整，不但让背负贷款的民众负担变大，更可能让原本有意愿贷款的人却步。美国经济复苏的幼苗，恐怕要随着利率上升而被踩死。美国政府与美联储有个非常重要的任务，就是万万不能让美国长期国债的殖利率上升。需要大量发债，但又不能让利率大幅上升，这会是美国将面临的大难题。

美国债务海啸，除了庞大的政府债务之外，2008年房地产崩盘的余毒仍然处在清理阶段。美国最大的所有人闻之而色变的有毒资产，就是上述鼎鼎大名的不动产抵押债券MBS，在美国这些债券总额高达10多万亿美元。美国房地产泡沫破灭，最严重时曾经下跌36%，这代表着美国不动产抵押债券MBS仍然有数万亿美元的资产价值，可能一瞬间灰飞烟灭的。美联储资产负债表上，仍拥有 1.1 万亿美元的 MBS 债券。我们必须明白一件事情，这些所谓有毒资产是有期限的，到期需要偿还的，至今谁也无法准确地算出金融机构里面到底还有多少有毒资产没有被清理干净。2008 年金融危机以来，美联储不断地利用量化宽松（QE）买入大量评级最差最毒的不动产抵押债券 MBS 资产，更利用量化宽松（QE）印钞票让美国金融机构取得大量资金，金融机构利用这些资金在全球投资，投资产生的大量获利，可以部分弥补这些深不见底的黑洞。即便如此，恐怕还是有巨大的有毒资产待消化，这些逐步到期的有毒资产成为美国债务海啸的部分组成。

美国从 2008 年以来实施 0%~0.25% 的超低利率政策，大量企业趁着利率极低，纷纷发行企业债券，在企业层面增加杠杆的运用，借由债券市场进行融资，再将融到的资金推动企业股票回购，股票市场因此从侧面获得稳固支撑。根据最新资料，截至 2015 年 9 月底，美国债券市场总规模为 39.6 万亿美元。其中，美国企业债市场规模达 8.2 万亿美元。2015 年共约 2000 家公司发行的企业债总规模达 1.5 万亿美元，创历史新高。这些企业债券将陆续进入到期高峰，加入美国债务海啸庞大的阵容中来。

我们想想看，如果我们身为美国最高领导者，当我们知道在未来数年内会有大量债务即将陆续到期，这些债务该如何处理？

需要还钱吗？现代金融学告诉我们，只要能够借到新的资金，就可以将旧的债务进行展延，这是典型的"借新还旧"手法，但是这样做遇到的第一个问题是，你希望利率高好还是低好？这个问题我们可以想一下，如果是自己背负了 100 万元的债务，会希望利率高好还是低好呢？必定希望债务的利率越低越好，这样有助于我们还更少的钱。同样的道理，美国拥有大量债务在未来数年陆续到期，会希望利率高好，还是低好呢？所以我们可以大胆预测，美国长期国债殖利率在未来数年内都会被尽力保持在低位运行，如果投资人大胆押注美国长期国债利率会快速走高，那么未来肯定会很失望。

再来问另外一个问题，美国将有大量债务到期，需要借新还旧，美国会希望美元升值还是贬值？这次我们可以回想一下，2012 年欧债危机正盛的时候，欧元大幅贬值，那么当时的投资者是拥抱欧元还是抛弃欧元？而人民币过去几年大幅升值的时候，投资人是拥抱人民币还是抛弃人民币？这就不难回答我刚才的问题。唯有升值预期强烈的货币，才能有足够的吸引力来吸引投资人，预期贬值的货币，只会在市场中被投资人抛弃。所以我们又可以大胆预测，美元在未来数年内将会走一个长期升值的波段。美元若在未来几年大幅升值，过去几年横行世界的美元套利资金，将会发生何种翻天覆地的变化？

第二节 五大蓄水池

1. 美国"棋局"试图影响全球资金流向

前文我们提到，美国在 2008 年金融危机后，政府利用大量举债，度过了金融危机最艰难的时刻，企业也利用超低利率的环境，大量增加负债，加上房地产泡沫破灭后留下来的大量有毒资产，也就代表会有越来越多的债务逐渐到期，所以吸引全球资金回流美国来填补这些黑洞，这将会是美国领导者极为重要的课题。但是如何让这些资金回到美国呢？换句话说，如何让全球投资人都想要增持美元资产？这必须下一盘巨大的棋。

首先，这个世界的资金分成两套：美国资本与外国资金。在 2008 年金融危机爆发后，全球无论是美国资本还是外国资金，因为情绪极度恐慌，大多涌向美国国债市场进行避险，当时美国国债市场出现前所未有的盛况，上涨的幅度令人难以置信。2009年美联储开始执行量化宽松（QE）政策，源源不绝的资金开始进入美国金融体系内。但是问题来了，2008年金融危机后，西方世界中许多人都破产了，这些资金根本找不到足够的借款人，可是资金又不能无效空转。于是，聪明的华尔街纷纷把钱搬出美国，利用美元套利交易在全球进行投资，炒作新兴市场的股债市、各国货币、房地产、大宗商品、黄金等，造成2009年后全球金融资产连番上涨。反观外国资金，因为金融危机的阴影仍在，投资人仍然非常恐惧金融危机卷土重来，所以大量投入美国国债市场避险，以至于有一段时间出现国债与全球股市齐涨的诡异现象。

要影响全球资金的流向不容易，美国费尽心思开始大举布局，首先连环引爆美债信危机。2011年8月5日，信用评级公司标准普尔（S&P）居然将美国长期信用评级从AAA下降至AA+，这讯息在金融市场里翻了天，因为一直以来美国都是世界上最强大最繁荣的国家，美国国债更是市场上公认最安全的资产，如今居然被调降信用评级，而且调降信用评级的机构竟然是美国自己的信评公司标准普尔。过去的投资经验告诉我们，信评机构的存在，如同那只"看得见的手"（指的是国家对经济生活的干预）深深影响着市场，但是这次信评机构居然大刀一挥，调降美国信用评级，此举震撼整个金融市场。

美国遭到信评机构调降信用评级后，全球金融市场马上产生激烈连锁反应。2011 年 8 月 8 日，全球股市受害最深的美国股市道琼斯工业指数及标准普尔 500 指数（S&P500）单日分别下跌 5.55% 及 6.66%，代表市场恐慌指数的 VIX 亦上升至 48 为 2008 年金融危机以来高点；亚洲股市包括韩国，以及中国的香港、上海的 A 股分别下跌 3.8%、2.22% 及 3.8%，中国台湾加权指数亦下跌 3.8%；原油价格大幅下跌近 6%；美国高收益债指数则下跌 1.67%；新兴市场债整体下跌 1.07%。美国降评的讯息还没被市场完全消化，紧接着第二股更强烈的美国债务违约风暴再度启动。美国政治分为共和党与民主党，因为美国政府预算案僵持不下，闹到最后，在 2011 年 8 月演变成美国债务危机。这是因为如果不能够及时提高举债上限，美国将迎来史上第一次债券违约，这在全球金融市场掀起的波澜更胜于美国被降评。在美国债务危机影响下，美国道琼斯工业指数与标准普尔 500 指数波段下跌 17%，MSCI 新兴市场指数下跌超过 30%，这是自 2008 年金融危机以来，全球最惨烈的股市修正。

美国被调降信用评级、两党债务之争、美国债务极可能违约、美元即将崩溃，如同金融末日般的景象，造成全球金融市场大恐慌。外国资金极度害怕美国违约与美元崩溃，大规模恐慌性逃离美元资产，躲到了五大蓄水池，这是当时人们认为资金较安全的避风港。"五大蓄水池"分别是瑞士法郎、日币、黄金、欧元与人民币，这5个市场在美国发生危机的时候，资金大幅涌入，成为当时众金融分析师追捧的明星市场，上涨幅度惊人，但这最终也演变成为五大金融泡沫。外国资金恐慌性逃离美元资产，快速抽离美国资本市场的时候，美国资本被迫面临大量赎回的压力，所以大幅从新兴市场调钱回来应急。这也导致了2011年新兴市场的股债市场大幅下跌。

2. "五大蓄水池"各自的金融状况

美国在2008年金融危机后，为了应对严重的经济衰退，大规模地举债。如何让资金回流美国，来解决债务海啸所带来的难题呢？大量债务到期，既要借新债还旧债，又希望发行债券的利率越低越好，如此，则必须吸引大量的资金投资到美元资产，这样才能够达到目标。可是美国经济复苏举步维艰，美元从美联储推行量化宽松（QE）政策后不断贬值。要如何在这种环境下，吸引大量资金回流美国？如果把五大蓄水池的泡沫戳破，这个世界会变成什么样子？这样资金将不再有安全的避风港，美国众多资产避险的地位将大幅提升，资金只会争先恐后地涌入美国资本市场，再也不用担心谁来买美国债券的问题，如此做法，是不是很有吸引力？

第一个泡沫破灭的，是盘子最小的瑞士法郎。2011 年 9 月 7 日，瑞士政府宣布将采取瑞士法郎钉住欧元的货币政策，短短数周的时间内，瑞士法郎兑美元大幅贬值 36%（如图 5-1）。如果下跌 20% 代表泡沫破裂，那么瑞士法郎泡沫的破灭程度可谓惨烈。美国债信风暴愈演愈烈的时候，欧洲、中东与俄罗斯的金融机构与富豪，大量把资金投入瑞士法郎，如今瑞士法郎的崩跌，让这些金融机构与富豪损失惨重。2012 年瑞士法郎成为回流美元资产的主力，同一时间美联储进行量化宽松（QE），让美国金融机构的融资需求得到满足。

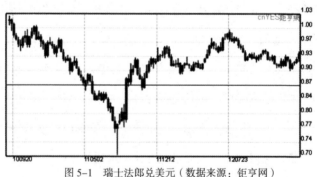

图 5-1　瑞士法郎兑美元（数据来源：钜亨网）

2012 年末，安倍晋三出任日本首相，随即实施名震天下的"安倍经济学"，利用日本央行实施极度宽松的货币政策，引导日元贬值。其目的有两个，第一个是，日本自从 20 世纪 90 年代经济泡沫之后，陷入长达 20 年的经济衰退与通货紧缩的困境，日元贬值也就代表日本进口商品原物料的价格将提升，这样有助于日本摆脱通货紧缩的困境，刺激民众消费。第二个是有利于提高日本出口行业的价格竞争力，让少数大企业的获利增加，这些大企业在增加获利之后，可以替所属员工增加薪水，以提高消费，让日本 GDP 成长，当 GDP 成长之后，政府可以采取增税的方式，让日本居高不下的债务开始下降。这些就是安倍经济学的核心运转模式。

这一切都设想得很好，于是安倍晋三上任之后，胁迫日本央行采取无限制量化宽松政策，成功制造日元大幅贬值。日本在 2013 年初开始也受惠于日元贬值，经济一度好转，长达 20 余年的通货紧缩不再持续，当通货膨胀渐渐抬头，日本经济似乎也摆脱了过去 20 年的阴霾，逐渐开始恢复成长力道。但是，日本一切的美好，在 2014 年安倍晋三调高消费税后开始崩坏，日本 2014 年第二季度与第三季度，经济大幅萎缩，导致了安倍晋三宣布第二阶段调高消费税的措施延后 18 个月，日元应声重挫。日本在无法增税的情形下，占 GDP 总量 250% 以上的债务水平恐怕很难下降。安倍经济学的另外一个死穴，来自日本国债的殖利率。如果日本国债殖利率忍受不了通货膨胀上升而率先提升，日本经济恐怕还没振兴，就会先陷入债务信用危机。安倍晋三采取的措施是走在钢索上的实验，最后成功与否，恐怕还需要时间来验证。

日本采取安倍经济学模式后，日本央行不断扩大货币宽松规模即印钞，日元从安倍晋三上任时的最高 1 美元兑 76 日元大幅崩跌，至 2015 年，一路下探至 1 美元兑 125 日元，日元贬值幅度高达 40% 上下（如图 5-2）。日本央行政策方向并无改变，只会不断扩大宽松货币（印钞）规模。长时间来看日元仍将持续贬值，大量日本投资人把资金投向海外，日元与日本资产的投资人，成为了 2013 年回流美元资产的主力，而 2013 年美联储持续进行量化宽松（QE），让美国金融机构在 2013 年的融资需求继续得到满足。

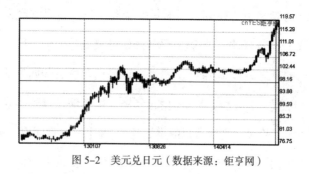

图 5-2　美元兑日元（数据来源：钜亨网）

2014 年，随着美国债务融资的规模持续增加，这次资金回流美国的重责落到黄金的头上，成为第三个泡沫破灭的资产。黄金在数千年间都是货币之王，安全保值的形象深植人心，更是在投资人对于美元不信任时取代美元，成为最理想的替代品，这也导致了黄金在美国债务风暴愈演愈烈的时期，吸引了最多外国资金的疯狂涌入。2011 年美国债务危机高峰的时候，"美元崩溃论"的传闻甚嚣尘上，也刺激了黄金上涨至每盎司 1920 美元的历史天价。当时黄金分析师们"一面倒"，一致看好黄金会上涨至 2000 美元甚至 3000 美元，导致了大量新兴市场投资人疯狂买入。在外国资金大量买入促使黄金不断创历史天价的时候，也仿佛预示了黄金泡沫惨烈破灭的命运。黄金从 2011 年每盎司 1920 美元大幅崩跌，至 2015 年一度降到每盎司 1050 美元的波段新低，资产下跌幅度再次超过 40%（如图 5-3）。黄金不愧是美国资本掠夺新兴市场财富的最好帮手，在后面会有专门的章节详细介绍美国资本是如何通过精准操作黄金价格来掠夺全球财富的。2014 年资金回流美国，重要的贡献来自黄金相关资产。

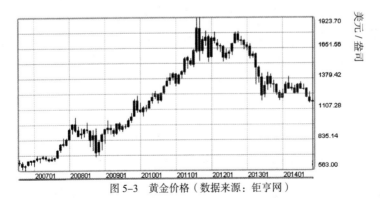

图 5-3　黄金价格（数据来源：钜亨网）

2015 年之后，美国总体债务的融资需求快速增加，美联储在 2014 年 10 月结束量化宽松（QE）政策后，资本回流成为美国融资非常重要的一个环节，这一次的关注重点来到了欧洲。2012 年欧债危机爆发之后，欧洲经济陷入漫漫长夜，关键原因在于欧洲金融体系负债累累，大量的金融机构变成了僵尸银行。负债过高的金融机构为了减少负债，被迫大量减少对于欧洲企业的贷款。读过前面章节的朋友们都知道，金融机构贷款与否，是经济发展的重要关键。当僵尸银行横行欧洲，强力阻碍了欧洲经济复苏。欧洲央行持续降息，欧元开始呈现贬值的态势。2015年更是一个关键时期，美国经济复苏态势强劲，美联储开始酝酿加息预期，欧元区经济则长期低迷不振，欧洲央行开始采取量化宽松（QE）政策。如此，美国与欧洲的债券利差迅速扩大，随着美国加息预期水涨船高，欧元如雪崩般下跌，大量欧元资本涌往美国进行投资。欧元从最高峰一路贬值超过 35%，欧元泡沫因此破灭（如图 5-4）。

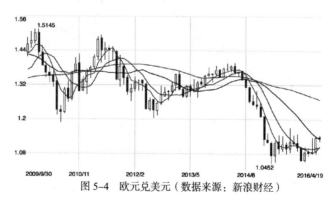

图 5-4　欧元兑美元（数据来源：新浪财经）

五大蓄水池最后仅剩中国。过去40年来，中国的改革开放非常成功，全球流入中国的资金不计其数，无论是投资还是投机的资金，这些资金堆出了中国经济奇迹，让中国人逐渐摆脱了贫困。当中国人有钱了之后，也成为别人眼中的目标。2014年后跨境资本流动出现大幅外流，导致中国出现货币紧缩的现象，中国政府采取大量增发货币的方式来应对，在货币供应量大增的情况下，资产价格也出现飞跃式的膨胀。从2014年开始，股市开始发力，疯狂的资金爆炒股市，导致股市非理性暴涨，短短一年左右，股市从2000点上涨至超过5000点。2015年6月，中国政府对股市开始采取监管动作，股市泡沫破灭，股市最低跌到了2680点，才开始触底反弹。

在股市泡沫结束之后，中国房地产价格从2016年开始快速飞涨，一线城市地产价格更是上涨得厉害，各地"地王"屡现。中国政府还推出棚改货币化政策，让三四线城市加入房产火爆的行列，即便中国政府采取号称史上最严厉的房产调控，采取了许多措施，如限购、限价、限贷、限售等，都没有办法有效阻止房地产价格持续上涨。中国房地产是由大量贷款堆积出来的泡沫产物，如果中国政府不再持续大规模印钞，房地产价格将会出现难以为继的情形，如果连房地产都出现问题，过去进入中国投资或套利的资金将恐慌性溃堤而出，中国政府将面临严峻的考验。假设一下，中国的外汇储备全盛时期超过 4 万亿美元，如果有万亿美元回流至美国，美国还需要担心他的债务海啸吗？当世界安全的资金避风港都消失的时候，他还需要担心有没有人买他的美元资产吗？

全球的经济格局如同一盘巨大的棋局，而我们都已经身在这盘棋局之中，是否能看清楚国际投机资本们所下的每一步棋？如果我们能看得清楚，财富就会唾手可得。

第三节　美国经济能否持续复苏

1. 美国的经济情况基本面分析

回到此书最初章节的叙述，有贷款需求（消费与投资）的货币就会在这种情况下被创造出来，当货币数量增加的时候，经济会成长而资产价格跟着上涨，所以贷款需求是影响经济至关重要的因素。有了这个概念，我们来分析一下美国的经济情况。

1966 年至 1986 年，美国的消费大幅减缓，这也导致美国道琼斯工业指数大幅下跌，这段时间也是石油危机让美国经济严重衰退的时期。1985 年至 2007 年，在"战后婴儿潮"的引领下，美国经济展开了长达 20 余年的黄金岁月。1945 年至 1965 年，美国取得第二次世界大战的胜利，国家进入繁荣稳定时期，"太平盛世"中的人们努力增产报国，诞生了著名的"战后婴儿潮"。这段时间美国诞生婴儿数约 8000 万，而全球诞生婴儿约 10 亿。随着"战后婴儿潮"时代的人逐渐长大，他们开始引领这个社会的经济发展。20世纪60年代至70年代，"战后婴儿潮"时代的人口带动了玩具、卡通、流行音乐的成长；70年代至80年代，这些人口进入结婚活跃期，带动房地产、汽车业的成长；80年代至90年代，他们更带动了个人计算机与因特网的突飞猛进，"战后婴儿潮"的消费影响了全球经济。但是随着年龄的增长，这些"战后婴儿潮"时代的人开始逐渐变老，当他们步入退休年龄，消费能力也会大幅趋缓。2008年就是一个大时代结束的时候。有人常说2008年金融危机是偶然发生的，当我们了解到消费与经济的关联之后，就会明白金融危机根本不是偶然爆发的，是过去20余年"战后婴儿潮"时代的美国民众过度消费导致过度举债，最终累积庞大债务后的总清算。当消费潮渡过了一个高峰后开始反转，货币数量增加的速度随着经济增长下降开始减缓，不断上涨的资产价格最终必定难以为继，庞大债务偿债潮随之而来，最终引发2008年全球金融危机。

这次消费潮的下降周期将从2008年持续到2023年左右，这也是部分经济学家声称的"美国即将进入经济冰河时期"的铁证。消费潮的下降是一个大趋势，这注定了美国与全球经济在这段周期会明显走向下坡，这也解释了为什么全球政府砸下无数资金来振兴经济，各国央行又联合起来印出了无数钞票，全球经济复苏的力道仍然如此疲弱。要知道，趋势是难以改变的，即使政府的力量让经济表面上看起来温和成长，这可是耗费许多成本与许多力量来维持的。当全球政府负债累累，再也无法负担如此庞大开销来振兴经济的时候，又或者量化宽松（QE）政策收场，美国开始推行利率正常化的时候，全球经济又会陷入一个新的经济下滑周期。我们可以观察到，这波消费潮下滑周期里的一个小型上升期，将在2016年至2018年。这也让我们判断出，美国的货币紧缩周期可能只在2016年至2019年，随着经济衰退压力浮现，货币紧缩政策将难以为继。到了2019年之后，小型上升期消费潮引领的美国经济复苏假象，将昙花一现般结束，美国极有可能陷入二度衰退。因此我们看到，美国特朗普政府在2018年初推行减税计划，就是预防美国即将到来的经济衰退。不过随着减税计划效应的递减，美国经济下滑的阴影又会重新到来。可以大胆预测，美联储极有可能将会在2020年之后停止加息，并考虑重新启动量化宽松（QE）政策。2023年之后，美国"战后婴儿潮"所生的小孩，我们称为"回生潮"，将会重新来到，到时候是改变我们一生的重要时刻，能不能抓住这次机会，就要看从现在起我们可以累积多少资本。我预计，届时全球经济将重拾成长力道，随着消费潮的逐渐提升，贷款需求（消费与投资）将源源不绝地带来货币与经济的强力增长，美元将恢复贬值态势，令全球资产价格再度大幅上扬。到时候手上没有资本的人和已经有累积部分资本的人，会有截然不同的命运。人一生之中只要掌握到一次致富机会，命运将从此改变，如今机会已经告诉我们它在哪里，我们一定要好好把握。而眼下的当务之急，就是小心避开眼前即将席卷全球的金融战争，并持续累积资本，或许你的人生将因为这个小动作而彻底改变。

我观察到，每一次美国经济陷入衰退周期的时候，美元都会有一个强烈升值的周期。之前是 1976 年至 1985 年石油危机爆发，以及 1995 年至 2004 年亚洲金融风暴与互联网泡沫的时期，这次是美国经济十年"冰河期"，预计美元也会有一个升值周期。美元指数从 2012 年开始升值，直到 2015 年，升值幅度已经高达 27%，预测美元在未来仍将持续升值数年的时间，仍有巨大升值的空间，持有美元并投资美元资产，会是在未来数年内最好的投资策略之一。

2. 美国为经济再起所做的准备

美国自从 2008 年金融危机后，便做了万全的准备。首先从内部实力着手，页岩油气开采技术的成熟，让美国石油与天然气的产量大幅增加，也使美国本土能源价格大幅下降，这让美国生产成本大幅降低。全球最大的终端消费市场至今仍然在美国，制造成本的下降与运输成本的节省，让制造商在美国制造已经不是遥远的梦想。美国特朗普政府上台之后，更是不断喊出"美国优先"的口号，并推行减税，把美国的企业所得税从35%降至21%，减税后美国苹果公司的CEO库克立即宣布，将在三年内分批汇回3500亿美元海外利润，并将部分生产线迁回美国。中国知名的富士康集团，也宣布将在美国投资100亿美元建厂，将为美国带来10万个就业机会。在可预见的未来，会有更多的厂商愿意把生产线移回美国，这或许是美国经济再起的优势之一。

其次，快速清理自身资产负债。美国在经历了2008年金融危机之后，积极改善美国金融体系坏账过高的情形。美国采取不同于其他国家的做法，允许体质不良的金融机构破产，这让金融机构去杠杆的速度增快，不至于累积大量僵尸银行，妨碍经济复苏。美国又利用量化宽松（QE）政策引导美国资本到海外进行投资，利用杠杆与套利交易，让美国金融机构赚取大量利润，这些获利填补本身背后的坏账黑洞，让美国金融体系有了足够的缓冲期。放眼全球，目前美国金融机构体系恐怕是全球最好的、最健康的、最强大的金融体系，也会是美国经济再起的关键。

最后，美联储利用自身货币政策的影响力，在2015年后开始加息，推动利率正常化，并且也逐渐收缩资产负债，让美元缓步升值，影响全球美元套利者的动向，让美元套利资本渐渐回流至美国。回流的资金将成为美国经济增长最好的"养料"，内部实力佳、金融机构体质好、境内资金充裕、创新能力强，将吸引全球资金不断投入美国市场。未来数年，美国经济仍然会一枝独秀，成为全球成长最稳定、发展最好的经济体。

第四节　美国贸易冲突的历史

中美对抗是未来 10 多年世界最重要的主旋律，美国在过去的历史上，也跟很多国家在贸易上发生过冲突。在此，希望借由过去的历史，给我们在未来更多参考与借鉴。

1. 美国 VS 欧洲：两败俱伤

在第一次世界大战中，欧洲本土战火连天、满目疮痍，而美国却借此大发战争财，尤其美国的农牧业，得到了蓬勃发展，其输出到欧洲的农产品持续增加。第一次世界大战结束后，欧洲开始重建其不再需要从美国进口大量的农产品，这时候，美国很多的农场主因为生产农产品过剩面临破产的边缘，雪上加霜的是，1928 年之后，全球农业大丰收，这让全球农产品的价格不断下滑，而面对欧洲逐渐复苏的经济，美国农民纷纷要求总统实施保护政策。于是，在 1928 年美国总统大选期间，总统候选人胡佛就提出政见，准备用增加关税的方式，来帮助陷入困境的农民，最终胡佛在美国总统大选中胜出，并且在参众两院获得多数的议席，而入主白宫之后，胡佛立刻要求国会履行他的政见。于是，1929 年由参众两院提出的《霍利—斯穆特关税法案》获得通过。而不得不说的是，这个法案还在国会进行讨论的时候，就已经收到全球 23 个国家的共同抗议，并且宣称一定会进行报复。但是，美国上下并不予理会。1929 年，美国爆发经济大萧条，《霍利—斯穆特关税法案》一度大受欢迎。除了美国的农业部门外，各个工业部门也希望能加入，以受到关税法案的保护。

在这种时空背景下，在短短的两年之内，美国将 2 万多种进口商品关税提高到 59%，甚至在这个过程中，原本最需要保护的美国农产品，反而变成了很小的一部分，关税保护包含了纺织、钢铁、机械、造船，等等。该法案的提出严重扰乱了正常的经济秩序，使得其被称为 20 世纪美国最愚蠢的法案。

在美国对 2 万多个商品课征高惩罚性关税之后，欧洲随之而来进行全面报复，所有的欧洲国家跟美国打起了关税战，而保护主义也在国际间盛行，各个国家纷纷开始对其他国家课征高关税，引发全球关税壁垒。那这些举措对全球经济造成了哪些伤害呢？美国进口到欧洲的商品总额，从 1929 年签署法案前的 13 亿美元，降至 1932 年的 3 亿美元。而美国出口到欧洲的商品更是从签署法案前的 23 亿美元直接降到了 1932 年的 7 亿美元，身为当时的出口大国，美国损失惨重。而且因为各国把关税拿来当武器，1929 年到 1939 年，全球贸易萎缩超过 60%，也间接导致 1933 年全球经济的二次衰退，美国股市最多下跌超过 90%，失业率高达 25%。1929 年与 1933 年两次经济大萧条，让人民生活陷于困苦，最终结果是让极端主义崛起——无论是日本的军国主义，还是德国的纳粹法西斯主义，最终引爆第二次世界大战。

1932 年的美国总统大选，关税壁垒的始作俑者胡佛灰溜溜地离开了政坛。而推行新政的罗斯福总统上台后，才让美国经济逐步走上复苏之路，最终罗斯福也几乎成为美国最伟大的总统之一。第二次世界大战结束后，美国在日内瓦签署《关税及贸易总协定》（WTO 的前身），全球纷纷展开大规模减免关税行动，平均各国的关税至少下降超过 20% 以上，盛行十余年的关税壁垒与贸易保护主义政策，才由于全球化的推动而相继结束。

美国首次发动提高关税及贸易保护主义，引发全球关税壁垒，在全球彼此相互报复的情况下，反而引发更深层的大萧条。美国跟欧洲在 20 世纪 30 年代之后，依然没有吸取到足够的教训，在 20 世纪 70 年代时，随着石油危机的来临，美、欧又展开新一轮对抗——反倾销税以及反补贴税之间的竞争。到 20 世纪 90 年代，全球经济下行，美、欧又开始实行反补贴惩罚、进口配额、进口许可证等壁垒政策。而到了 21 世纪初经济再度衰退，全球钢铁产能过剩，美、欧之间又采取进口配额与互相到 WTO 提出申诉等贸易手段。而上述种种，都让美国与欧洲损失惨重。

总结来说，美、欧贸易对抗的结果是两败俱伤，谁也没有得到好处。

2. 美国 VS 英国：美国取得金融霸主地位

第二次世界大战之后，美国迅速崛起，而老牌强国英国，就变成了一个阻碍体，大英帝国号称"日不落大英帝国"，全盛时期拥有全球 1/4 的土地，这是人类有史以来最庞大的帝国，虽然在战后各个殖民地纷纷选择独立，但是整个大英帝国仍然拥有两个非常强大的经济"撒手锏"，分别是"英联邦贸易区"与当时国际通用货币之一的"英镑体系"。在这样的情况下，美国想要取得金融霸主地位，就必须挑战英国的这两大"撒手锏"。

第二次世界大战结束后，大英帝国虽然解体，但是英联邦贸易区是拥有超过 50 个国家所组成的联盟，其经济实力仍然非常强大。崛起后的美国咄咄逼人，面对美国的挑战，英国选择了一种综合路线，在军事上与美国结盟，毕竟有强大的苏联在旁虎视眈眈，当没有能力自保的时候，英国需要依赖美国强大的军事实力；但是在商业跟贸易上，英国则想要维持自己经济强国的传统，这就跟美国产生了利益冲突，于是美国通过四步，瓦解了英国在全球的影响力。

第一步，美国高喊全球自由贸易，利用美媒在全球重要的影响力，高举打破贸易壁垒的大旗，在舆论上造势，让英国备受打压。第二步，美国开始扶植西德与日本，尤其在20世纪50年代朝鲜战争结束后，西德与日本迅速崛起，此时英国的大麻烦就来了，英国制造没有任何价格上的优势。西德与日本生产的产品，都比英国的便宜，且质量更好，英联邦贸易区的各国在这种情况下开始动摇。第三步，美国做出了一个十分重要的决定，于1947年在日内瓦成立《关税及贸易总协定》，也就是世界贸易组织（WTO）的前身。有了这个贸易协定，如果英国想要加入，就必须抛开自己原有的英联邦贸易区，取消歧视性原则，英国千方百计想办法反对这个贸易协议，但最终以失败收场。第四步，对本国的产品进行保护，尤其是对英国的货品征收超额关税，美国此举可谓相当讽刺，一面高喊贸易自由，一面实行关税壁垒。比如对英国威士忌酒课征30%关税，玻璃、毛织品、机械更是课征50%关税，等等，攻守兼备，把英国打得惨不忍睹。

除了上述四个步骤之外，美国还用了一种"消磨人"的方式，即利用进口商品进行海关报关的时候，对来自英国的进口商品故意采用繁复的手续，一有纠纷，就把进口货品扔在仓库里，甚至拖个一年以上，在1952年的时候，美国法庭受理这样的案件达8.3万件，但是审判的只有6000件，于是有媒体戏称："商品通过美国海关的时间，要比哥伦布发现美洲大陆的时间还要长。"

就在英联邦贸易体系摇摇欲坠的时候，美国更是瞅准时机，给其致命一击。在"马歇尔计划"（"二战"结束后美国对被战争破坏的西欧各国进行经济援助、协助重建的计划）推出之后，美国给了英国相当多的贷款，正所谓"天下没有白吃的午餐"，美国在给英国贷款的同时，强迫英国签署了很多不利于英国的贸易协议，比如允许美国进入英联邦贸易体系进行贸易及采购等，美国利用这些不对等的贸易协议，逐步打进了英联邦贸易体系，并采取各个击破的方式，最终彻底瓦解了英联邦贸易体系。而美国针对"英镑体系"的威胁，在1944年成立"布雷顿森林体系"（"二战"后以美元为中心的国际货币体系），让黄金与美元固定挂钩在1：35的价位，全球其他货币对美元在一定的区间浮动。"布雷顿森林体系"的成立，使得美元取代英镑，成为世界上最重要的国际货币。由此，美国取得决定性胜利。

在整个美英对抗的过程中，英国可以说步步退让，却节节败退，最终结局是英国让出了世界金融霸主的地位，英国的两个非常强大的经济"撒手锏""英联邦贸易区"与和"英镑体系"彻底被瓦解。

挖掘了这次美、英对抗的历史，我们可以看到最终美国大获全胜，而今日的英国已经沦落为美国的附庸国，在国际的舞台上只能随着美国起舞。

英国在全盛时期，全球有93%的贸易通过英镑来结算，而当前的英镑，仅占全球外汇储备量的不足5%，甚至还略逊于日元与瑞士法郎。由此我们得知，一个国家一旦失去了金融在国际上的霸主地位，其国际影响力将迅速减弱。而这也是美国为什么如此警惕中国的原因所在。

3. 美国 VS 日本：美国的胜利不是很光彩

第二次世界大战结束后，日本沦为战败国，百废待兴，那么日本是如何从战后的废墟一跃而成为世界经济强国，甚至到20世纪80年代，被美国当作全球主要竞争对手的呢？主要是日本抓住了几个关键机会，1950年朝鲜战争爆发，在中国的帮助下，朝鲜在这场战争中打得有声有色，美国在这个时期为了打赢这场战争，重点扶持日本工业。在"二战"后，本来被世人视为战犯，遭国际社会唾弃的日本，反而因这场战争扭转了国运，其国力得以快速复苏，要知道，日本后来能够发动战争侵略中国，主要原因是有强大的经济实力作为后盾。

20世纪50年代之后，美国主要的竞争对手是英国，为了对抗英国的英联邦贸易体系，美国扶持了西德与日本这两个新全球制造中心，用了10年左右的时间，让日本跟德国一跃成为制造业大国，在1960年后，连续30余年的时间，日本GDP的增长速度都超过了10%，如同中国改革开放后的情景，而在1970年之后，日本再度抓到一个绝佳机会。

在以阿战争的影响下，以沙特为首的阿拉伯国家发起石油禁运，导致全球爆发石油危机，石油价格从3美元一路涨到40美元左右。大幅增长的石油价格，让日本当时的汽车产业蓬勃发展，尤其是日本车讲求耐用与省油，加之重量轻且价格便宜，让日本车企在全球竞争中不断获胜，把美国三大车厂（通用汽车公司、福特汽车公司和克莱斯勒汽车公司）打得溃不成军，全球经济占比也迅速提升，而日本占全球贸易的总额在1986年接近10%，1988年达到巅峰。日本在富起来后，在20世纪70年代到80年代，展开全球并购行动，80年代中期，日本对外投资占据了全球跨国投资的20%多，而美国仅占15%。日本的这种并购行为，让美国主流媒体流行一种说法，即"日本在逐渐控制美国经济的命脉"，这也制造了"日本威胁论"。据统计，日本当时在美国拥有 2850 亿美元的直接投资,控制超过 3300 亿美元的证券与银行资产。从行业来看,日本占据了全美 20% 的半导体市场,30% 的汽车市与 50% 的电子市场。1980 年,美国对日本的商品贸易赤字达到 500 亿美元,1989 年美国对日本的贸易逆差是 516 亿美元,占比 40%;而 1994 年,美国对日本的贸易逆差更是达到 50% 的巅峰。于是,在英国全球影响力逐渐瓦解之后,接下来美国开始把矛头指向日本。

1985 年 5 月,美国、日本、德国、法国、英国等国签署了著名的"广场协议"。根据"广场协议"的规定,日元被迫对美元大幅升值,而在 1985 年到 1986 年,日元升值了 50%,而到 1988 年,日元升值更是达到了 100%。除此之外,美国对日本打出一套贸易重拳,首先在 1988 年出台了新的贸易法,启用了"超级 301 条款",对日本的钢铁、汽车、半导体等商品实施惩罚性关税。根据"广场协议"的规定,日本被要求解决美国产品的市场准入问题,要求日本开放农产品、高科技产品、服务业与金融等领域的市场。1989 年,美国更是通过日美谈判协议,要求日本在经济政策制度、企业行为上面,改变日本传统的体制与商业惯例,以全面配合西方要求的方向,进行改革开放。而面对美国的咄咄逼人,日本没有予以强有力的反抗,毕竟日本仍处在美国的军事保护下,日本政府只能采取逐步退让的方式,对美国出口实施自律，减少在纺织、钢铁、彩电、汽车等领域对美国的出口。

面对美国的威胁，日本也想出了新的方法，即加快产品的升级换代，由增量转为提质，增强日本产品的全球竞争力。日本政府为了朝这一方向迈进，大力鼓励日本企业进行研发投入，这使得日本研发经费在 10 年内增长超过 20 倍，研发占 GDP 比重从 1.6% 增加至 3.2%，增幅明显高于同期的美国。由于这一举措，使得日本企业的创新能力至今仍处于国际一流水平。与此同时，日本利用 1.2 亿的人口扩大内需，增加了对美国的进口，进而缩减了对美贸易顺差，同时日本减少对进口的限制，并鼓励进口，比如降低关税或简化通关手续等，对美国产品更是进一步开放。金融领域也采取逐渐放宽限制，让美国金融业可以准入日本市场，日本也开始在美国投资设厂，如原本在日本生产的丰田、马自达、本田等汽车厂，纷纷到美国投资建厂设立生产线。而在 1984 年之后，日本对美国的直接投资更是占所有外商投资的 30%，通过大量投资美国，缓解了美日在贸易上面的纠纷。

在跟美国的对抗中，日本步步退让，由于日元的大幅度升值，使得房地产与股市出现惊人的泡沫。1990 年后，日本经济泡沫破灭，日本的房地产价格下跌超过 60%，股市更是一泻千里，重创日本经济。日本经济由此陷入"失落的二十年"。但日本"运气"比较好，在日本经济泡沫破灭之前，日本已经迈入高收入国家，成为世界发达经济体之一，所以过去二十余年里日本人的收入虽然没有实现增长，但是过去累积的财富仍然足够庞大，依旧富裕，是"二战"以后，少数跨越"中等收入陷阱"的国家。除此之外，在日本政府的鼓励下，日本企业大幅提高研发经费，由企业自主去做研发，这让日本企业保留了足够的竞争力，在国际竞争中不会明显衰退，尤其国际大品牌的竞争。由于这两个财富保留了下来，使得日本至今仍然足够强大。相对比较强大的国家。

总结来说，美、日对抗，最终还是美国取得胜利，虽然胜的不是很光彩，但是日本终究退出跟美国争霸的舞台。由此我们发现，竞争力还是体现在研发与创新的能力上，因此未来中国一定要努力加强自主研发的能力，鼓励创新。另外，从美、日对抗历史的发展来看，妥协并不是好的方式，韬光养晦，增强自己的竞争力，把目标放在未来，才是我们应该做的。

后记

颠覆人类未来的ABCD

1. 什么是 ABCD/IOT/5G

投资最重要的目标有两个，第一个目标，我们寻找安全稳健的投资，只要求能够打败通货膨胀，让资产实现安稳增值；第二个目标，我们去寻找那个能够改变或颠覆全人类未来的关键技术，并提早进行布局。回想十年前，我们很难想象十年后的世界改变竟是如此之大，当时大家还在用诺基亚的手机，却没想到智能手机的诞生颠覆了这个世界，生活中的衣食住行及娱乐等几乎都可以利用智能手机得到满足。若往前看，未来的十年又有什么可以颠覆这个世界呢？我总结为 ABCD（如图后记 –1），掌握了这些趋势，就掌握了获取财富的钥匙。

⊘ **AI** 人工智能

⅗ **Blockchain** 区块链
Bio 生技医疗

⚇ **Cloud** 云计算
Chip 芯片

⊙ **Data** 大数据

图后记 –1　颠覆人类未来的 AB^2C^2D

ABCD 中的 A，讲的是人工智能。

过去也谈过人工智能，比如当年打败人类西洋棋大师的深蓝，但是过去的人工智能是采用将算法算尽的方式，而 2015 年谷歌设计的阿法狗（Alpha Go）横空出世，用"自我学习"的方式，在几乎所有人都认为人工智能绝不可能战胜人类的围棋领域，连续打败了包含李世石、柯洁等在内的 40 余位人类围棋大师，人们才真正意识到人工智能元年到来了。未来的人工智能可以改变人类什么事情？5 年左右，大家身边或许会有个人工智能机器人的助理；10 年左右，人工智能操控的无人驾驶车会在路上畅行；15 年左右，机器人之间或许可以学会沟通，人工智能的发展或许可以带来医疗服务，人类的寿命将大幅跃进……人工智能还可以带来多少变化，我们甚至想象不出来。

当前人工智能的发展出现了重要瓶颈。人工智能分成 3 个层面：基础层、技术层与应用层。阿法狗（Alpha Go）的诞生，证明人类在技术层已经完成人工智能的准备，应用层方面也没有太大问题，真正遇到的瓶颈将发生在基础层。基础层有三大基础设施还没克服，包含云计算、芯片与信息技术，这也导致阿法狗（Alpha Go）宣布退役，要等待技术上的突破，才能让人工智能在各个方面都得以应用。这就不得不提及后面的 BCD。

ABCD 中的第一个 B，讲的是区块链（Blockchain）。

区块链技术相信大家并不陌生，虚拟货币包含比特币、以太币等，都是使用区块链的技术。区块链的技术有什么特别的？主要在几个地方，首先是去中心化，这意味着以后套上区块链的资产，将不会有任何人可以影响，因为所有事情都是区块链内的集体共同产生的。区块链还有几个特征，包括防篡改、可追溯、不可伪造，即通过加密，使内容安全、保护隐私，同时更加可靠值得信赖。当前区块链的发展，最重要的是 2019 年 6 月 18 日由 Facebook（脸书或脸谱网，美国的一个社交网络服务网站）联合27 个行业巨头创建的加密货币。Facebook 发布的天秤（Libra）白皮书称，这是首个由全球互联网、金融、电信等多领域巨头共同主导的加密货币项目，未来这些巨头数量将增加至 100 个，天秤（Libra）的使命是建立一套简单的、无国界的货币和为数十亿元人服务的金融基础设施。这是一个划时代的改变，天秤（Libra）将来或许会以美元为锚来发行使用，这些互联网巨头将串联超过 30 亿的人口，让天秤（Libra）变成真正的世界货币。当然，如今这一切还不成熟，并不能确定天秤（Libra）最后的走向。

ABCD 中的第二个 B，讲的是生技医疗（Bio）。

谈到生技医疗（Bio），我们必须知道全球人口老龄化的速度有多快。到了 2050 年，"银发族"数量（65 岁以上人口）将超越孩童数量（14 岁以下人口），最高老龄人口比例的国家将是日本（37%）、西班牙（35%），以及德国与意大利（33%），中国会成为人类有史以来老化速度最快的国家，老年人口数量将超过 4.5 亿人。这是一个非常恐怖的数字。

每一个时代都有划时代的产业，这些产业都跟人口趋势有密切的关联。史上最大的人口趋势来自 20 世纪 50 至 60 年代的"战后婴儿潮"，产业发展离不开他们。50 年代，尿布与玩具产业大爆发，世界知名玩具公司乐高，在 1952 年几乎就要破产了，"战后婴儿潮"的这批孩子拯救了乐高，1961 年左右，乐高成为全世界最顶尖的玩具公司。60 年代，"战后婴儿潮"时出生的人已经成为青少年，他们带动着时尚潮流发展。肯德基在 7 年间由 600 家增长到 3500 家；Levis 在 10 年间销售额成长 10 倍，这些行业的主要消费群体是青少年。70 年代，这批"战后婴儿潮"出生的人准备成家立业，新建公寓暴增，全球房地产出现长期牛市。80 年代，年近 40 岁的这些人手上开始有点闲钱，准备做点投资，于是美国的金融业自由化，以及《华尔街日报》《福布斯》杂志订阅数量暴增。90 年代，这些人年纪开始稍长，50 岁左右的他们趋于保守，收益型投资需求增加。千禧年后，休闲、娱乐成为他们的生活主线，美国娱乐行业迎来高速增长。现在，这批人逐渐进入古稀之年。人就是这样，70 岁以前的医疗开销并不多，但是 70 岁以后医疗开销将大幅增长，老年人医疗、护理支出大增。生技医疗（Bio）行业进入高速成长时代。最早进入老龄化社会的国家是日本，日本的经验非常值得我们借鉴参考。

2001 年至 2015 年的日本，生技医疗（Bio）产业对日本 GDP 的贡献高达 32%，远远超过科技、金融等产业。这会不会是未来的中国？也会不会是未来世界的趋势？生技医疗（Bio）必定是未来投资者需要重点关注的领域。

ABCD 中的第一个 C，讲的是云计算（Cloud）。

大家可以猜猜看，全球目前市值最大的公司是哪一家？如果你还停留在苹果的年代，那真的已经 OUT 了。目前全球市值最大的公司是微软，第二大是亚马逊。中国市值最大的公司是阿里巴巴，第二大是腾讯。为什么投资人愿意给这些公司这么高的市值，是因为微软卖的操作系统 Windows、办公软件 Office 等？还是因为亚马逊或阿里巴巴是电商？或腾讯拥有微信并且是游戏公司？这些都不是，而是他们拥有云计算。目前公有云计算市占率最大的企业是亚马逊，占到全球 41% 的份额；第二名是微软，拥有 20% 的份额。中国公有云计算市占率最高的是阿里巴巴，占有 51% 市场份额；而第二名是腾讯，拥有 37% 市场份额。这下大家明白了，原来这些公司拥有如此高市值，是因为他们领跑了人类未来最重要的财富领域——云计算的市场。大家不妨想想，未来如果有上亿台人工智无人驾驶车在路上跑，每一台车的数据要上传到哪边去集中处理呢？所以云计算在未来是人工智能最重要的基石之一。云端服务会是免费的吗？当然不可能，而且要一直付费，那将会是多大一笔的收入？据 2019 年第二季度微软的财报，云计算部门给微软带来的净利润为 119 亿美元，正式超过微软操作系统 Windows 与办公软件 Office 合计的 69 亿美元净利润。这也让大家看到云计算巨大无比的潜力。当前全球云计算的市场规模超过 4200 亿美元，仍然在高速增长中。

如果中国未来要争夺人工智能大国的头衔，云计算就是我们不得不重点发展投资的领域。目前，中国在这方面表现最好的阿里云，占全世界的份额却只有 7%。相较于西方世界的巨头，我们仍然有巨大的赶超空间，这意味着中国政府一定会大力扶持云计算的发展，中国云计算市场也将爆发出无限的潜能。根据前瞻产业研究院发布的一份数据报告，中国云计算行业增速显著，市场规模正在不断扩张，已经从 2015 年的 378.1 亿元扩展到 2018 年的 900 亿元，预计 2019 年将突破千亿元的大关。无论是中国还是放眼全世界，云计算都是人工智能投资端中不可忽视的一块。当前无论是中国还是世界，公有云市场已经被几家巨头瓜分得差不多了，若要投资，方向上较为明确，具有更大潜力的市场是私有云市场，但其目前还没有一个明显的赢家，这也是我们投资人可以更加关注的领域。

ABCD 中的第二个 C，讲的是芯片（Chip）。

　　谷歌宣布阿法狗（Alpha Go）退役的关键原因是芯片技术上的不足，这说明人类在芯片技术上的发展遇到了严重的瓶颈。不知道大家对计算机芯片的发展是否有点印象，最早使用的是286、386、486到586计算机，接下来是英特尔生产的CPU，I3、I5、I7系列的计算机，十余年过去了，我们依旧在用英特尔I7的CPU，目前以7nm（纳米）的制程技术，最高端的芯片拥有20亿个比特，比特数量到了极限，因此芯片开始往双核、四核等多核方向发展，阿法狗（Alpha Go）就搭载约4400片英特尔的CPU。大家不妨想想，4400个芯片需要有主机、散热、存储等进行配套，这需要多大的空间，如果大家想开人工智能无人驾驶车出去，那几乎是开一栋房子了。所以说，当前芯片技术遇到重大瓶颈。

　　有一家芯片企业叫作英伟达（NVIDIA），他们别出心裁，对CPU进行改良。英特尔的CPU可以满足超过100万项功能，如果把它精简成只能满足1万项功能，那运行速度就可以变快。于是，英伟达（NVIDIA）研发出新的芯片叫GPU，其速度比CPU快十余倍。GPU很快得到应用，搭载GPU芯片第二代阿法狗称为Alpha Go Master，在网络围棋世界里面打败了40余位人类围棋大师，并且跟世界第一的中国围棋职业九段棋手柯洁进行3场比赛，结果3∶0，把柯洁打哭了。柯洁的运气真是不好，如果他的对手是第一代的阿法狗（Alpha Go），或许他还有赢的机会，毕竟第一代阿法狗（Alpha Go）跟韩国围棋高手李世石对战的时候，结果是 4∶1，李世石还赢了一场。后来谷歌自己研发芯片，再对 GPU 进行改良，研发出专属于阿法狗（Alpha Go）的芯片 TPU，计算速度再次提升十余倍。第三代阿法狗称 Alpha Go Zero，该产品仅仅用 3 天的时间做"自我学习"，就以 100∶1 的战绩击败第二代阿法狗（Alpha Go Master）。这下所有人都该明白了，人工智能的关键之处就在芯片上面。谁的芯片指令周期快，谁就能够创造出更强大的人工智能。谷歌的 TPU 已经是极限，于是谷歌宣布将阿法狗（Alpha Go）退役，全力研发下一代的芯片技术，以缩短芯片指令周期。

　　从 2015 年开始，各家科技大厂都在努力研发新的芯片，希望突破现有的技术瓶颈。经过两年多的努力，新的芯片技术终于被发现。2017 年，中国中科院展示第一台 10 比特的量子芯片计算器，堪称革命性的产物，从此进入争夺"量子霸权"的"战国时代"。量子芯片跟传统芯片有什么差异？传统芯片是用 0101 的编码递增，算术增长到目前大约 20 亿的比特的数量，而量子芯片利用的是量子纠缠原理，1 个比特可以共振 2 个比特，2 个比特可以共振 4 个比特，依此类推，呈现几何基数增长，因此多 1 个比特如同多 2 的 2 次方。量子霸权讲的是 50 个比特的量子计算器，如同拥有 2 的 50 次方个比特的运算能力，可以超越当前人类最先进的超级计算器，进而实现量子霸权。2017 年以后，各家科技大厂纷纷投入量子芯片的领域。两年后的 2019 年，中国中科院于 8 月 13 日发表 23 比特量子计算器，阿里巴巴也正式成立平头哥公司，成为中国首个专门发展量子芯片的企业。美国虽然起步稍晚，但美国拥有传统科技强权，在量子芯片领域上也不落人后，同年 9 月，IBM 发表 52 比特量子计算器，真正实现了量子霸权，完成对中国的反超。不过 IBM 没有笑多久，9 月下旬，谷歌发表 72 比特的量子计算仿真器，再把量子领域的技术向前推进，如果用当前人类最先进的超级计算器来运算一道算式大约要 1 万年的时间的话，那么谷歌发表的 72 比特量子计算仿真器只需要 3 分 20 秒，由此我们可以看到在量子芯片领域巨大的进步。目前量子计算器要实现商用，大约需要发展到 100 比特。2 的 100 次方是什么概念？比全宇宙所有原子加起来还要多，届时人工智能将会出现革命性的突破。当前，量子芯片还有很多技术上的难题尚未突破，甚至只能在绝对 0 度下运转，离实际运用还有一段不小的距离。不过微软跟谷歌联手宣布，目标在 3 年左右的时间，将 100 比特的量子计算器实现商用。如此看来，人工智能的真正到来将会比我们想象得要快很多。

ABCD 中的 D，讲的是大数据（Data）。

人工智能要提升未来能力，除了三大基础设施芯片、通信技术与云计算外，还有一个非常重要的环节，就是数据。学习 100次的人工智能跟学习 100 万次的人工智能将会产生巨大的差距？人工智能的学习要从哪里来？关键就在于能提供多少数据供它学习，因此大数据在未来人工智能时代将会至关重要，是比黄金还要贵重的资产。当前最有价值的大数据集中在以下几个领域：一是企业大数据。到 2024 年，全球企业软件的市场将达到 3000 亿美元，有人开玩笑说，未来软件可能会统治全世界。二是医疗大数据。到 2020 年，美国生技医疗市场将达到 8.7 万亿美元，人口老龄化的趋势，将会是全世界共同面临的问题。三是消费大数据。2020 年全球消费市场将达到 40 万亿美元，这将会是所有大企业的必争之地。四是金融大数据。千禧一代未来将继承 30 万亿美元的财产。从上述种种迹象来看，拥有数据者将在人工智能时代抢占先机。

人工智能时代离我们有多远？目前可以看得出来，技术层与应用层发展早已到位，就差在基础层的突破了。在三大基础设施里面，云计算、通信设备都在稳步发展，目前关键技术卡在芯片上，但是量子芯片技术的逐渐突破，也让我们看见了曙光。这一切发展都在告诉我们，人工智能时代将迅速到来，而且这次改变，不是十年或二十年的潜移默化可以让大家慢慢摸索适应，而是技术一旦突破，数年内带来的变化就会席卷全球，希望大家有所准备，不要被时代淘汰。

2. 对于投资人工智能的建议

最后来谈谈人工智能的投资。从目前全球格局来看，中国与美国是未来最有机会成为人工智能大国的国家，美国无论在芯片还是云计算等方面，技术先进，其在人工智能的基础层上面有明显优势。中国擅长技术应用，并且我们拥有海量的数据。这些都是两国发展人工智能的利器。对于我们投资人来说，要做到的是分散风险，中美双边押注，把资产进行中美配置，无论哪边取得更伟大的成就，我们都能够参与到颠覆人类未来的机会之中。

人工智能时代即将到来，大家准备好了吗？